Crea,

Lidera

y Transforma

Liderazgo, Gestión y Crecimiento para Agencias de Marketing y Empresas Innovadoras.

Escrito por Mario Humberto Gutierrez Morales

Copyright © 2024 Mario Humberto Gutiérrez Morales.
Todos los derechos reservados.

Ninguna parte de este libro puede ser reproducida, almacenada en un sistema de recuperación o transmitida por ningún medio, ya sea electrónico, mecánico, fotocopiado, grabado u otro, sin el permiso expreso y por escrito del autor.

Todas las marcas y nombres comerciales mencionados en este libro son propiedad de sus respectivos dueños. La inclusión de estas marcas se hace únicamente con fines ilustrativos y educativos, sin que exista ninguna afiliación, patrocinio, autorización o relación entre el autor y las empresas propietarias de dichas marcas. El autor y el editor no se hacen responsables por el uso de estos nombres y marcas, ni pretenden asociarse con ellas en ningún sentido. Cualquier mención de terceros se realiza como ejemplo y referencia para enriquecer el contenido del libro.

Mario Humberto Gutierrez Morales
Chihuahua, Chihuahua, México.
www.vbooks.com.mx

Índice

Prólogo 8

Introducción 10

Capítulo 1. Construcción de una Propuesta de Valor Única 12

Capítulo 2: Estructura y Gestión de una Agencia de Marketing 24

Capítulo 3: La Identidad como Pilar de la Cultura Organizacional 40

Capítulo 4: Tendencias Emergentes en Marketing y Cómo Adaptarse 53

Capítulo 5: Marketing Basado en Datos: La Era del Marketing Analítico 63

Capítulo 6: Automatización y Gestión Eficiente de Proyectos en una Agencia de Marketing 76

Capítulo 7: Optimización del Equipo y Roles Clave 93

Capítulo 8: Casos de Éxito en Grandes Agencias Multinacionales 112

Capítulo 9: Marketing Basado en Datos: La Revolución de la IA 121

Capítulo 10: Estrategias Digitales Adaptadas al Cliente 131

Capítulo 11: El Poder de la Creatividad en el Marketing 141

Capítulo 12: Gestión Financiera en Agencias de Marketing 152

Capítulo 13: El Futuro del Marketing: Tendencias Emergentes 159

Capítulo 14: Cómo Posicionar tu Agencia como Líder de la Industria 167

Capítulo 15: innovación Continua y Crecimiento 182

Sobre el Autor 190

Apéndices 195

Índice Temático 197

Glosario de Términos 198

Agradecimientos

Escribir este libro ha sido un viaje lleno de aprendizajes, desafíos y reflexiones sobre mi trayectoria como emprendedor y líder de una agencia de marketing. Ninguno de los logros alcanzados habría sido posible sin el apoyo y el amor incondicional de mi familia, amigos, socios y colaboradores.

A mi esposa, Diana, mi compañera de vida y de empresa, mi mayor apoyo. Este libro es tanto tuyo como mío. Gracias por ser mi socia, mi compañera de batallas, y por siempre creer en mí, incluso en los momentos más desafiantes. Tu visión, dedicación y compromiso no solo han sido fundamentales para nuestro éxito en StudioVainilla, sino también para mi crecimiento personal y profesional. Gracias por estar siempre a mi lado, y por ser mi mejor aliada en este increíble viaje.

A mi hija, por darme esa luz y felicidad que me impulsa a ser más grande cada día. Eres mi inspiración para seguir soñando y luchando por construir algo mejor, no solo para nosotros, sino para futuras generaciones.

Cada día me motivas a seguir creciendo y a crear un legado del que puedas sentirte orgullosa.

A mis padres y hermano, por su constante apoyo y por creer en mis sueños desde el principio, brindándome en todo momento las herramientas y el cariño para lograr mis objetivos. Además de ser una guía y un gran ejemplo de perseverancia, trabajo y dedicación. Su fe en nosotros ha sido una fuente de fuerza invaluable. A mis suegros y cuñada, quienes siempre han estado ahí apoyándonos y creyendo en nuestros sueños.

A nuestro equipo StudioVainilla, también una familia. Ustedes han sido parte crucial de cada proyecto, de cada campaña exitosa y de cada momento de aprendizaje. Gracias por su entrega, creatividad, y pasión por el trabajo que hacemos juntos. StudioVainilla no sería lo que es sin su talento y dedicación. Este libro es también una muestra de lo que hemos logrado juntos. Finalmente, quiero agradecer a todos los clientes, colegas y colaboradores que he tenido el placer de conocer y trabajar a lo largo de los años. Su confianza y apoyo me han permitido crecer como profesional y como líder.

"Las grandes ideas no cambian el mundo por sí solas; necesitan liderazgo, estrategia y la valentía de quienes se atreven a convertirlas en realidad."
— *Mario Humberto Gutiérrez Morales*

Prólogo

El liderazgo de una agencia de marketing en el siglo XXI implica mucho más que crear campañas creativas. El mercado está en constante cambio y las expectativas de los clientes son más altas que nunca. Liderar una agencia significa adaptarse continuamente, no solo a las tendencias de marketing, sino también a las nuevas tecnologías, la gestión de equipos y las complejidades de los proyectos.

Cuando co-fundé Vainilla Productions en 2012, éramos una productora audiovisual enfocada en comerciales y contenidos visuales. Sin embargo, con el auge de las redes sociales y el marketing digital, me di cuenta de que debíamos transformarnos para seguir siendo competitivos. Así fue como en 2017, decidimos reinventarnos como StudioVainilla, una agencia digital capaz de ofrecer soluciones integrales a nuestros clientes.

Este libro no es solo una recopilación de consejos o estrategias, es una guía basada en años de experiencia en el liderazgo de una agencia en constante evolución.

Te contaré cómo hemos enfrentado desafíos, aprendido de ellos y aplicado soluciones que no solo han mantenido a StudioVainilla a la vanguardia, sino que también han mejorado la forma en que trabajamos y entregamos resultados.

En los capítulos que siguen, te llevaré a través de los principios fundamentales para liderar una agencia de marketing y cómo puedes implementar herramientas, estrategias y metodologías que mejorarán la eficiencia y productividad de tu equipo.

Desde la construcción de una propuesta de valor única, hasta la adopción de tecnologías emergentes como la inteligencia artificial y la automatización, este libro te proporcionará las herramientas necesarias para llevar tu agencia al siguiente nivel.

Introducción

"El éxito no proviene solo de tener grandes ideas, sino de tener la valentía para ejecutarlas, la estrategia para guiarlas y el equipo adecuado para hacerlas realidad."
— Mario Humberto Gutiérrez Morales

Dirigir una agencia de marketing en la era digital es una tarea que conlleva una gran responsabilidad. Las expectativas de los clientes han cambiado, la tecnología está en constante evolución, y las agencias que no logran adaptarse se arriesgan a quedarse atrás.

Cuando co-fundé Vainilla Productions, probablemente no anticipé que el marketing digital evolucionaría tan rápidamente años después.

Nos enfocamos en producir comerciales y contenido audiovisual para medios tradicionales y algunos canales digitales, pero pronto me di cuenta de que el futuro estaba en las redes sociales. Fue entonces cuando decidimos convertirnos en StudioVainilla y expandir nuestros servicios para incluir desarrollo de estrategias de marketing digital, redes sociales, y herramientas tecnológicas avanzadas como la automatización y la inteligencia artificial.

Este libro no es solo una reflexión sobre nuestra experiencia, sino una guía práctica que cubre los pilares fundamentales para dirigir una agencia de marketing en el siglo XXI. Hablaremos de cómo construir una propuesta de valor sólida, cómo liderar equipos creativos de alto rendimiento, cómo implementar herramientas tecnológicas que mejoran la eficiencia y cómo adaptar tu agencia a las tendencias emergentes.

Si estás buscando llevar tu agencia al siguiente nivel, este libro está diseñado para darte las herramientas necesarias para lograrlo.

Capítulo 1. Construcción de una Propuesta de Valor Única

El mercado de las agencias de marketing digital está lleno de competidores, desde freelancers hasta grandes multinacionales, todas ofreciendo servicios similares: redes sociales, SEO, campañas de PPC, desarrollo web. En este entorno saturado, una agencia solo puede prosperar si tiene una propuesta de valor clara y diferenciada, que no solo resuelva los problemas del cliente, sino que lo haga de una forma única y excepcional. La propuesta de valor es el núcleo que define cómo perciben tus clientes los servicios que ofreces y por qué te elegirán a ti en lugar de a tu competencia.

Cuando fundé Vainilla Productions en 2012, no teníamos una visión clara de la propuesta de valor. Nos enfocábamos en crear contenido visual de alta calidad, principalmente para comerciales y medios tradicionales. Sin embargo, con el auge de las redes sociales y el marketing digital, me di cuenta de que simplemente tener un buen producto no era suficiente. Necesitábamos una propuesta de valor que conectara con las necesidades emergentes de nuestros clientes. Así nació StudioVainilla, con un enfoque renovado en la integración de tecnología y creatividad, ofreciendo a nuestros clientes soluciones personalizadas.

Definir la Identidad de tu Agencia

El primer paso para construir una propuesta de valor sólida es definir la identidad de tu agencia. Esto implica mucho más que simplemente crear un logotipo o elegir una gama de colores. La identidad de tu agencia es lo que representas, cómo resuelves los problemas de tus clientes y qué valores son los que guían cada decisión.

En StudioVainilla, nuestro valor central siempre ha sido la combinación de creatividad y tecnología. Nos dimos cuenta de que podíamos ofrecer algo más que campañas atractivas; podíamos ofrecer estrategias basadas en datos, apoyadas por la automatización y la inteligencia artificial, para garantizar resultados tangibles. Este enfoque nos permitió posicionarnos como una agencia diferente a las demás, no solo por lo que hacíamos, sino por cómo lo hacíamos.

Preguntas clave para definir tu identidad:

- ¿Qué problemas resuelves mejor que nadie?: Esto no se trata solo de los servicios que ofreces, sino de cómo los entregas y por qué eres único.

- **¿Qué valores definen tu agencia?:**

Define claramente los valores que tu equipo debe reflejar en todo lo que hacen, desde la creatividad hasta el servicio al cliente.

- **¿Cómo se diferencia tu enfoque en la ejecución de proyectos?:**

En nuestro caso, la incorporación de tecnología avanzada en cada proyecto fue un diferenciador crucial.

Diferenciación en un Mercado Saturado

El marketing digital es un campo en constante evolución, lo que significa que si no logras destacar entre la multitud, te conviertes en uno más. La diferenciación es lo que te permite salir de esa multitud y atraer a los clientes adecuados.

En StudioVainilla, aprendimos la importancia de la diferenciación a través de varios fracasos iniciales. Nos dimos cuenta de que simplemente tener creatividad y talento no era suficiente.

Tuvimos que enfocarnos en lo que hacíamos mejor que otros y, lo más importante, en cómo lo comunicábamos.

Estrategias para diferenciar tu agencia:

1. **Especialización en un nicho:** En lugar de intentar abarcar todos los servicios, puedes elegir especializarte en un sector o industria específica. Por ejemplo, en StudioVainilla, decidimos especializarnos en la integración tecnológica en las campañas de marketing. Esto incluyó automatización de procesos, análisis de datos y personalización a gran escala.

2. **Innovación tecnológica:** La inteligencia artificial (IA) y el big data se han convertido en nuestras herramientas diferenciadoras. En lugar de simplemente ejecutar campañas, implementamos procesos automatizados y análisis predictivos para personalizar y optimizar continuamente el rendimiento de las campañas.

3. **Oferta de soluciones personalizadas:** Una manera clave de diferenciación es ofrecer soluciones a medida que se adapten exactamente a las

necesidades de cada cliente. Esto requiere un enfoque muy cercano al cliente, entendiendo a fondo su industria, desafíos y objetivos. En nuestro caso, los servicios estandarizados no eran suficientes; nos diferenciamos ofreciendo estrategias personalizadas que combinaban creatividad y tecnología.

Caso de Estudio:
Ogilvy y la Investigación como Diferenciador

Una de las agencias más reconocidas a nivel mundial, Ogilvy, se destacó no solo por su creatividad, sino también por su enfoque en la investigación. David Ogilvy comprendió que, para diferenciarse, su agencia debía entender profundamente a los clientes y sus audiencias. En lugar de basarse solo en la intuición creativa, utilizó la investigación para desarrollar campañas más efectivas y orientadas a resultados.

Esta combinación de creatividad con un análisis profundo de los datos fue clave para el éxito. La lección es clara: no se trata solo de ser creativo, sino de tener un enfoque estratégico basado en datos que respalde tus decisiones.

Crear una Propuesta de Valor Clara y Convincente

Una vez que tienes clara la identidad de tu agencia y te has diferenciado de tu competencia, el siguiente paso es comunicar tu propuesta de valor de forma clara y concisa. Una propuesta de valor no debe ser complicada. Debe ser una frase sencilla que explique qué haces, para quién lo haces y cómo lo haces mejor que los demás.

Elementos de una propuesta de valor efectiva:

1. **Claridad:** Debe ser fácil de entender en un solo vistazo. En StudioVainilla, nuestra propuesta de valor gira en torno a ofrecer estrategias integradas que combinan creatividad y tecnología para generar resultados medibles.

"Ayudamos a empresas a aumentar su presencia digital y generar resultados tangibles mediante campañas de marketing personalizadas que integran IA y automatización".

2. **Enfoque en el cliente:** La propuesta de valor debe responder directamente a las necesidades y

desafíos del cliente. No se trata de lo que tú haces, sino de cómo puedes resolver los problemas de tu cliente.

3. **Prueba y credibilidad:** Una propuesta de valor debe estar respaldada por ejemplos concretos, estudios de caso o testimonios que demuestren que cumples lo que prometes.

Implementar la Propuesta de Valor en Todos los Aspectos de la Agencia

Una vez que hayas definido tu propuesta de valor, es crucial que esta se refleje en cada aspecto de tu agencia. Desde las reuniones iniciales con el cliente hasta las campañas finales, la propuesta de valor debe ser coherente y visible.

Aplicación en la comunicación interna y externa:

- **Comunicación interna:** Asegúrate de que todo tu equipo entienda y aplique la propuesta de valor en su trabajo diario. En StudioVainilla, cada miembro del equipo está alineado con nuestra misión de combinar tecnología y creatividad para ofrecer resultados excepcionales.

- **Relaciones con clientes:** Cada interacción con los clientes debe reforzar tu propuesta de valor. Cuando un cliente nos contacta, se da cuenta de inmediato de que nuestra oferta es más que creatividad: somos una agencia que utiliza herramientas avanzadas para crear estrategias personalizadas que generan impacto medible.

Lecciones Aprendidas:
La Crisis que Transformó Nuestra Propuesta de Valor

Un ejemplo clave de cómo evolucionamos nuestra propuesta de valor ocurrió durante una crisis tecnológica. En un momento, todos nuestros servidores fueron afectados por un ataque de ransomware, lo que puso en riesgo a muchos de nuestros clientes. La falta de diversificación en los proveedores fue un error que nos enseñó una lección valiosa.

Durante esa crisis, implementamos un sistema para

automatizar las notificaciones a nuestros clientes, usando plataformas de terceros especializadas para la acción necesaria, y con esto mantenerlos informados en tiempo real sobre el estado de nuestros servidores y los problemas de servicio.

Esta experiencia no solo mejoró la forma en que gestionábamos incidentes, sino que también nos permitió ofrecer a nuestros clientes un servicio proactivo y transparente, algo que añadimos a nuestra propuesta de valor y que nos diferenció aún más en el mercado.

La propuesta de valor es la piedra angular del éxito de cualquier agencia de marketing.

Al definir tu identidad, diferenciarte en el mercado, y comunicar claramente tu valor, estarás construyendo una base sólida para atraer clientes y hacer crecer tu agencia.

La importancia de una Propuesta de Valor Única (UVP)

Cuando se trata de construir una agencia de marketing sólida y diferenciada, una de las primeras tareas críticas es desarrollar una **Propuesta de Valor Única (UVP, por sus siglas en inglés)**. Este concepto es el eje central de cualquier negocio exitoso, ya que comunica a los clientes por qué deberían elegirte a ti y no a la competencia.

La UVP se encuentra en la intersección de tres elementos fundamentales (ver **Figura 1**):

1. **Lo que el cliente necesita y desea:** Representa el foco en el cliente, entendiendo sus problemas y deseos para crear soluciones que tengan relevancia real para ellos.

2. **Lo que tu empresa hace bien:** Enfatiza tus fortalezas, capacidades y experiencia, demostrando que tienes lo necesario para resolver las necesidades de los clientes.

3. **Lo que te hace único en el mercado:** Este es tu diferenciador clave, aquello que te distingue y aporta valor que los demás no pueden ofrecer.

***Figura 1** representa esta intersección, donde los tres círculos convergen para formar la UVP. Este enfoque no solo ayuda a estructurar tu oferta, sino que también orienta tus decisiones estratégicas, desde el diseño de tus servicios hasta el mensaje que comunicas al mercado.*

Capítulo 2: Estructura y Gestión de una Agencia de Marketing

Crear una agencia de marketing exitosa no se trata solo de tener ideas creativas y ejecutar campañas. La creatividad florece cuando existe una estructura organizativa clara que permita a los equipos trabajar de manera eficiente y coordinada. Para que una agencia prospere, es necesario un liderazgo sólido y procesos bien definidos que permitan que tanto la creatividad como la productividad coexistan en armonía.

En StudioVainilla, he aprendido que la gestión de una agencia requiere tanto visión como organización. Pasamos de ser una productora pequeña, Vainilla Productions, a una agencia de marketing digital de alcance global, StudioVainilla, gracias a la implementación de una estructura interna que apoya a cada departamento, fomenta la colaboración y permite que cada miembro del equipo sepa cuál es su papel y cómo puede contribuir al éxito de la agencia.

Este capítulo está diseñado para mostrarte cómo estructurar y gestionar una agencia de marketing de manera eficiente, desde pequeños equipos hasta agencias en expansión, utilizando tanto procesos tradicionales como herramientas tecnológicas avanzadas.

Organización Interna: Roles y Equipos Clave

El éxito de una agencia de marketing depende, en gran medida, de tener una estructura organizativa clara. A medida que la agencia crece, se hace cada vez más necesario dividir los roles y responsabilidades, para evitar la sobrecarga del equipo y asegurar que todos los aspectos del negocio sean atendidos.

Roles esenciales en una agencia de marketing

Aquí están los roles clave que toda agencia debe tener, sin importar su tamaño:

1. **Director Creativo:**
* **Responsabilidad principal:** Liderar la visión creativa de la agencia, supervisar el trabajo creativo del equipo y asegurarse de que las campañas sigan la visión del cliente y se alineen con la estrategia general.
* **Habilidad clave:** La combinación de creatividad y liderazgo es esencial. El Director Creativo debe poder motivar a su equipo a desarrollar ideas innovadoras y, al mismo tiempo, garantizar que esas ideas sean factibles dentro del presupuesto y el plazo.

2. **Estratega de Marketing Digital:**
* **Responsabilidad principal:** Desarrollar y supervisar las estrategias digitales de los clientes, asegurándose de que cada campaña esté alineada con los objetivos del negocio y el perfil de la audiencia.
* **Habilidad clave:** Debe estar al día con las últimas tendencias en marketing digital, SEO, redes sociales y automatización. Además, debe ser capaz de traducir esos conocimientos en estrategias concretas y medibles.

3. **Gestor de Cuentas (Account Manager):**

- **Responsabilidad principal:** Ser el puente entre el cliente y el equipo creativo, asegurando una comunicación fluida y efectiva. El Gestor de Cuentas es quien mantiene al cliente informado sobre el progreso de los proyectos y garantiza que se cumplan las expectativas.
- **Habilidad clave:** Este rol requiere excelentes habilidades interpersonales, organización y la capacidad de manejar múltiples proyectos simultáneamente.

4. **Diseñador Gráfico y UX/UI:**

- **Responsabilidad principal:** Convertir las ideas y estrategias en realidad visual, creando piezas gráficas y diseños que sean atractivos y funcionales. El diseñador UX/UI se centra en la experiencia del usuario para asegurar que las interfaces sean intuitivas y atractivas.
- **Habilidad clave:** La creatividad visual y el dominio de las herramientas de diseño son imprescindibles, pero también lo es la capacidad de colaborar estrechamente con el estratega y otros miembros del equipo para asegurar que el diseño apoye los objetivos generales de la campaña.

5. Community Manager:

- **Responsabilidad principal:** Gestionar la presencia en redes sociales de los clientes, creando contenido, interactuando con la audiencia y monitorizando las respuestas.
- **Habilidad clave:** El Community Manager debe tener una comprensión profunda de las plataformas sociales y cómo interactuar con diferentes audiencias, mientras protege y fortalece la imagen de la marca.

Metodologías de Trabajo Eficientes

Tener una organización clara es solo el primer paso. El siguiente desafío es optimizar los procesos internos para que el trabajo fluya sin interrupciones y cada miembro del equipo tenga clara su responsabilidad y tiempos de entrega.

Automatización y gestión de proyectos

En StudioVainilla, implementamos herramientas como Monday.com para la gestión de proyectos y tareas. Esto nos permite tener una visión clara de cada campaña, saber en qué fase está cada proyecto, y asegurar que nada se pierda en el camino. Monday.com nos permite asignar tareas específicas a los miembros del equipo, hacer un seguimiento del progreso y ajustar los plazos de manera dinámica.

Automatización en la comunicación interna: Integración con Slack

Una de las decisiones más importantes fue integrar Monday.com con Slack para automatizar la comunicación entre los equipos. Cada vez que una tarea cambia de estado en Monday.com, se genera automáticamente una alerta en Slack, manteniendo a todo el equipo informado en tiempo real. Esto no solo mejora la productividad, sino que reduce la necesidad de reuniones innecesarias.

Estándares y flujos de trabajo

Otra lección clave que aprendí fue la importancia de estandarizar ciertos procesos. Por ejemplo, hemos establecido un flujo de trabajo estándar para la aprobación de creatividades y la revisión de campañas que asegura que todos los proyectos pasen por las mismas etapas antes de su lanzamiento. Esto no solo reduce los errores, sino que garantiza que siempre entregamos la mejor calidad.

Caso de Estudio: StudioVainilla y su Metodología de Gestión

En StudioVainilla, decidimos implementar una metodología ágil basada en Monday.com y Slack, que nos permite manejar múltiples campañas de manera eficiente. Cada proyecto comienza con un brief claro que se distribuye entre los equipos, seguido de tareas automatizadas que se asignan y se supervisan en tiempo real. Esto ha permitido que nuestros equipos trabajen de manera autónoma pero sincronizada, reduciendo los tiempos de entrega y aumentando la satisfacción de nuestros clientes.

Estructura según el Tamaño de la Agencia

La estructura de una agencia de marketing puede variar dependiendo de su tamaño. A medida que creces, la estructura y los procesos internos deben evolucionar para mantener la eficiencia.

1. Agencias pequeñas (1-10 empleados)
- En una agencia pequeña, los roles suelen ser más flexibles, y los empleados pueden tener que usar varios sombreros. Es común que el director creativo también sea el estratega de marketing o que el gestor de cuentas se encargue de la producción.
- Consejo: Asegúrate de tener procesos ágiles y una buena comunicación interna para evitar sobrecargar a tu equipo.

2. Agencias medianas (11-50 empleados)
- En agencias de este tamaño, los roles comienzan a especializarse más. Los equipos pueden ser organizados por departamento (creatividad, cuentas, medios, etc.) o por proyectos, dependiendo de las necesidades.
- Consejo: Establecer líderes claros para cada área y procesos de revisión regulares es esencial para evitar que los proyectos se estanquen.

3. Agencias grandes (+50 empleados)

- Las agencias grandes tienen la capacidad de dividir los equipos en departamentos especializados, pero deben evitar la siloización (cuando los equipos trabajan de manera aislada).
- Consejo: Utiliza herramientas colaborativas para mantener la cohesión y asegurarte de que los equipos trabajen hacia un objetivo común. Implementar metodologías ágiles puede ser especialmente útil en este caso.

"Si un equipo no puede ser alimentado con dos pizzas, es demasiado grande."
– Jeff Bezos, fundador de Amazon

Esta conocida "regla de las dos pizzas" de Jeff Bezos refleja un principio fundamental sobre la eficiencia en los equipos de trabajo. Según Bezos, los equipos deben mantenerse pequeños y ágiles para ser más efectivos en la toma de decisiones y en la ejecución de tareas. Un equipo pequeño permite una comunicación más directa, reduce la burocracia y facilita una colaboración fluida. La "regla de las dos pizzas" es una metáfora que sugiere que, si el equipo es tan grande que necesita más de dos pizzas para alimentarse, probablemente esté compuesto por demasiadas personas, lo cual puede ralentizar los procesos y disminuir la productividad.

En el contexto de una agencia de marketing, esta regla es especialmente relevante. Los equipos pequeños y multidisciplinarios suelen ser más eficientes para desarrollar campañas, adaptarse rápidamente a los cambios, y mantener una visión coherente y alineada con los objetivos del cliente.

Innovación Tecnológica y su Impacto en la Gestión

La tecnología no solo mejora la ejecución de campañas, sino que también puede optimizar la gestión interna de una agencia de marketing. Implementar herramientas tecnológicas permite automatizar procesos, reducir errores humanos y mejorar la comunicación en tiempo real.

Automatización del análisis de datos

En StudioVainilla, no solo usamos tecnología para gestionar tareas, sino también para analizar los resultados de las campañas. Herramientas de análisis predictivo nos permiten ajustar las estrategias en tiempo real, basándonos en datos de rendimiento. Esto no solo optimiza los resultados de las campañas, sino que también mejora la eficiencia de nuestro equipo, que ya no tiene que dedicar tiempo a analizar manualmente grandes volúmenes de datos.

Caso de Estudio: Wieden+Kennedy y su Innovación Estructural

Un ejemplo inspirador en la industria es el de Wieden+Kennedy, una de las agencias más icónicas del mundo. A pesar de trabajar con gigantes como Nike, Coca-Cola y Old Spice, han mantenido una estructura flexible y adaptable. Cada proyecto cuenta con un equipo especializado, pero mantienen una estructura en la que cada grupo tiene autonomía para tomar decisiones creativas rápidas.

Este enfoque ha permitido a Wieden+Kennedy combinar la creatividad audaz con una estructura organizacional eficiente, lo que resulta en campañas que son tanto innovadoras como impactantes. Además, fomentan una cultura de experimentación que les permite estar a la vanguardia del marketing global.

En StudioVainilla, adoptamos un enfoque similar. Nuestros equipos tienen roles definidos, pero fomentamos la colaboración y la autonomía para que cada miembro se sienta empoderado para tomar decisiones rápidas cuando sea necesario. Este enfoque híbrido ha sido clave para gestionar múltiples proyectos de manera efectiva y mantener la creatividad como un pilar central de nuestra agencia.

Gestión de Proyectos: Nuestra Metodología

La gestión de proyectos en una agencia de marketing es vital para mantener la consistencia y la eficiencia en cada campaña. En StudioVainilla, utilizamos una metodología ágil que se basa en herramientas tecnológicas para gestionar todos los proyectos de manera fluida.

Monday.com y Slack: Automatización y Flujo de Trabajo

Desde que implementamos Monday.com para gestionar nuestros proyectos, notamos un aumento significativo en la productividad del equipo y una reducción en los tiempos de entrega. Monday.com nos permite tener una visión clara de cada fase del proyecto, gestionar recursos, y ajustar los plazos en función del progreso real. Todo el equipo tiene acceso a los tableros de cada proyecto, lo que facilita la transparencia y la colaboración.

Además, integramos Monday.com con Slack para que las actualizaciones de proyectos se sincronicen en tiempo real. Esto nos permite ahorrar tiempo en reuniones innecesarias y garantizar que cada miembro del equipo esté al tanto de cualquier cambio, sin saturar los correos electrónicos o los chats de trabajo.

Automatización en la Comunicación con Clientes

Un elemento crucial que implementamos fue la plataforma statuspage.io (no es la única en el mercado, hay más. Sin embargo se adaptó a nuestras necesidades) para la notificación automática a los clientes sobre el estado de nuestros servicios. Esto fue clave cuando sufrimos un ataque ransomware en nuestra infraestructura. Con statuspage.io, los clientes recibieron notificaciones automatizadas sobre el progreso de la recuperación, lo que no solo redujo la carga de soporte, sino que también aumentó la confianza de los clientes en nuestra capacidad de gestión de crisis.

Este tipo de automatización no solo mejoró la satisfacción del cliente, sino que liberó tiempo para nuestro equipo, permitiéndonos concentrarnos en resolver el problema sin distracciones. Implementar herramientas como esta es fundamental en la gestión proactiva de una agencia, especialmente en situaciones de crisis.

Evaluación y Ajuste Continuo de Proyectos

Cada proyecto en StudioVainilla pasa por un proceso de revisión y ajuste continuo. Esto significa que, en lugar de esperar al final de una campaña para evaluar su éxito, estamos constantemente monitoreando su progreso y ajustando las estrategias sobre la marcha. Esta metodología ágil nos permite reaccionar a tiempo y optimizar los resultados para nuestros clientes, asegurando que las campañas sean tanto creativas como eficientes.

Conclusión del Capítulo

La estructura y la gestión de una agencia de marketing no solo influyen en la eficiencia operativa, sino también en la calidad del trabajo creativo. Un equipo bien organizado y con roles claros puede ofrecer campañas más creativas y consistentes. Además, la integración de tecnologías como Monday.com, Slack y statuspage.io nos permite gestionar proyectos de manera eficiente, mejorar la comunicación interna y externa, y entregar resultados de calidad a nuestros clientes.

Al final del día, liderar una agencia de marketing no es solo sobre dirigir proyectos o coordinar equipos; se trata de crear un entorno donde la creatividad pueda florecer, apoyada por procesos y herramientas que aseguren la eficiencia y la satisfacción del cliente.

En los siguientes capítulos, veremos cómo la cultura organizacional y las tendencias emergentes pueden influir aún más en la forma en que gestionas tu agencia.

Capítulo 3: La Identidad como Pilar de la Cultura Organizacional

La Importancia de la Identidad Corporativa

La identidad de la empresa es el eje central que define quiénes somos, qué hacemos y, lo más importante, por qué lo hacemos. Es la columna vertebral que guía tanto las decisiones estratégicas como las interacciones diarias dentro de la agencia. Los valores, la misión y la visión de una agencia deben ser compartidos y entendidos por todo el equipo de trabajo. Sin esta conexión profunda con la identidad de la agencia, se corre el riesgo de que los empleados no se sientan comprometidos, lo que puede afectar directamente la calidad del trabajo y el ambiente laboral.

En StudioVainilla, somos conscientes de que, a medida que seguimos creciendo, inevitablemente enfrentaremos desafíos relacionados con la alineación de nuestro equipo con los valores y la cultura de la empresa. A lo largo de nuestra trayectoria, hemos aprendido que es crucial no solo contratar a personas con habilidades técnicas, sino también asegurarnos de que cada nuevo miembro del equipo comparta nuestra visión y principios. De lo contrario, corremos el riesgo de que, en algún momento, algunos colaboradores no se sientan plenamente conectados con la identidad de la empresa.

Cuando eso ocurre, el impacto va más allá del rendimiento individual: puede influir negativamente en la moral del equipo y generar una dinámica de desmotivación que se extiende y afecta la productividad general. Sabemos que, para evitar estas situaciones, es fundamental construir una cultura sólida y clara desde el inicio, y asegurarnos de que cada persona que se una a StudioVainilla no solo aporte sus capacidades, sino también un compromiso genuino con nuestra visión. De esta manera, reducimos la probabilidad de que surjan frustraciones o desconexiones, y fomentamos un entorno de trabajo donde todos se sientan motivados y alineados con los objetivos de la empresa.

Cómo la Identidad de la Empresa Moldea la Cultura

La identidad de la empresa está compuesta por tres elementos clave: los valores, la misión y la visión. Estos deben estar en el centro de cada decisión de contratación, cada proyecto y cada interacción con el cliente.

Valores:

Los valores definen cómo la agencia se comporta internamente y en relación con los clientes. En StudioVainilla, nuestros valores son la creatividad, la innovación y el compromiso con los resultados. Creemos en la libertad creativa, pero con una estructura que permite alcanzar objetivos medibles y claros. Al contratar a alguien, evaluamos si esta persona comparte estos valores y si es capaz de trabajar en un entorno que exige tanto creatividad como responsabilidad.

Misión:

La misión de la agencia debe inspirar a todos los miembros del equipo. En nuestro caso, la misión de StudioVainilla es crear estrategias de marketing digital que combinen creatividad y tecnología para generar resultados medibles y de impacto. Cada miembro del equipo debe entender y compartir esta misión, de modo que sus esfuerzos individuales sumen a un objetivo mayor. Si alguien no entiende o no se siente identificado con la misión, es muy difícil que pueda aportar al éxito de la agencia.

Visión:

La visión representa hacia dónde se dirige la agencia y qué quiere lograr en el futuro. Para StudioVainilla, nuestra visión siempre ha sido convertirnos en un referente en el marketing digital, siendo reconocidos por nuestras soluciones innovadoras y los resultados transformadores que ofrecemos a nuestros clientes. Esto nos mantiene enfocados en innovar constantemente, y queremos que todo el equipo comparta esa ambición de crecimiento.

Filtrando a las Personas Adecuadas: La Selección del Equipo Ideal

Hoy en día, no nos enfocamos únicamente en las habilidades técnicas o la experiencia profesional de los candidatos. Hemos incorporado evaluaciones más profundas, que incluyen pruebas psicométricas y herramientas que nos permiten medir aspectos clave como la tolerancia a la frustración, la capacidad de adaptación y, sobre todo, si los valores personales del candidato se alinean con los principios y la cultura de nuestra agencia.

Este proceso no solo busca identificar talento técnico,

sino también a personas con la actitud y el carácter adecuados para integrarse plenamente al equipo y contribuir al crecimiento de la empresa. De esta forma, aseguramos que quienes se unen a StudioVainilla comparten nuestra visión y están comprometidos con nuestros valores, minimizando el riesgo de que surjan conflictos internos o desajustes en la dinámica de trabajo. Esta selección cuidadosa no solo garantiza un ambiente laboral más armónico, sino que también fortalece nuestra cultura y nuestra capacidad de adaptarnos a los desafíos del entorno.

Lección clave: El impacto de un equipo alineado con los valores

Una vez implementamos este enfoque, el cambio fue notable. A medida que StudioVainilla comenzó a contar con un equipo más alineado con nuestra misión y valores, la productividad aumentó, y el ambiente de trabajo mejoró drásticamente. La energía positiva y la motivación compartida no solo nos permitieron ser más eficientes, sino también más innovadores, ya que todo el equipo estaba "en la misma sintonía". La lección que aprendimos fue clara: la identidad de la agencia no es solo un mensaje externo; es algo que debe vivirse dentro de la empresa, todos los días.

La Identidad de la Empresa como Defensa Contra la Frustración y la Desmotivación

Es inevitable que, en una agencia de marketing, los proyectos difíciles y los plazos ajustados generen momentos de frustración. Sin embargo, un equipo que comparte los valores de la empresa y que está comprometido con su misión tiene una mayor tolerancia a la frustración y es más capaz de superar estos desafíos. Un equipo que realmente "se pone la camiseta" de la agencia no solo se enfrenta mejor a los obstáculos, sino que lo hace de manera colaborativa, buscando soluciones en lugar de centrarse en los problemas.

En StudioVainilla, hemos aprendido que cuando los empleados no están alineados con la cultura de la empresa, su resistencia al estrés es mucho menor. Esto no solo afecta su desempeño individual, sino que también puede contaminar a todo el equipo. Para prevenir este tipo de situaciones, implementamos sesiones periódicas de revisión, no solo del trabajo, sino también del bienestar emocional de nuestro equipo, para asegurarnos de que todos se sientan parte de algo más grande que ellos mismos.

Claves para Fortalecer la Identidad y Motivación del Equipo

1. **Comunicación Clara de los Valores y la Misión**: Una de las claves para mantener la motivación y reducir la frustración es que cada miembro del equipo conozca y comprenda los valores y la misión de la empresa. Un caso inspirador es el de **Southwest Airlines**, conocida por su cultura de servicio y compromiso con los empleados. Southwest enfatiza que cada empleado debe "poner a los clientes y compañeros de trabajo en primer lugar". Esto fomenta un sentido de propósito común y un ambiente de apoyo, lo que permite a los empleados manejar la presión en el trabajo sin perder el entusiasmo.
Aplicación en una agencia de marketing:

Comunicar regularmente la misión y los valores en reuniones o con herramientas visuales en la oficina (por ejemplo, murales con frases de la misión o reuniones de valores cada trimestre) ayuda a que el equipo recuerde por qué están ahí y cómo cada proyecto contribuye a un propósito mayor.

2. **Reconocimiento y Celebración de Logros**: Reconocer los logros y avances, incluso en etapas tempranas de un proyecto, ayuda a reforzar el sentido de pertenencia y compromiso. Un ejemplo es **Google**, que utiliza una política de reconocimiento constante en la que se celebran tanto los éxitos individuales como los grupales. Esto incluye desde reuniones de equipo hasta shout-outs en canales internos para destacar la contribución de alguien. Este enfoque no solo aumenta la moral, sino que también motiva a los empleados a dar su mejor esfuerzo, incluso bajo presión.
Aplicación en una agencia de marketing: Implementar un sistema de reconocimientos semanales o mensuales donde se destaquen los

logros de los miembros del equipo. Esto puede realizarse en reuniones generales o en plataformas de comunicación interna (como Slack o Teams), resaltando el trabajo bien hecho y los valores reflejados en las acciones diarias.

3. **Espacios de Escucha y Bienestar Emocional**: Tal como se hace en StudioVainilla, dedicar tiempo a revisar no solo el trabajo, sino también el estado emocional del equipo, es esencial. Empresas como **Airbnb** realizan sesiones periódicas de "Check-in" emocional, donde los líderes escuchan las preocupaciones y retos personales o profesionales que puedan afectar el desempeño de sus equipos. Esto ayuda a identificar problemas antes de que se vuelvan críticos y demuestra al equipo que la empresa valora su bienestar, lo cual fortalece la lealtad y el compromiso.

Aplicación en una agencia de marketing: Programar reuniones de "Check-in" emocional o implementar una política de puertas abiertas para que los empleados puedan expresar sus preocupaciones y desafíos sin miedo. Además, considerar un programa de apoyo emocional externo o talleres de manejo de estrés y resiliencia puede ser valioso para fortalecer la tolerancia a la frustración.

4. **Fortalecimiento del Sentido de Propósito**: Cuando los empleados sienten que su trabajo es parte de algo significativo, es más fácil superar la frustración. **Patagonia**, la marca de ropa, es un ejemplo de cómo una identidad fuerte y clara (en este caso, el compromiso con el medio ambiente) puede motivar a los empleados. A través de sus valores ambientales, Patagonia logra que sus empleados se sientan parte de una causa más grande que ellos mismos, lo que los impulsa a trabajar más allá de los desafíos diarios.

Aplicación en una agencia de marketing: Definir un propósito central que conecte el trabajo de la agencia con un impacto mayor en la sociedad o en la vida de los clientes. Esto puede ser, por ejemplo, un compromiso con campañas de marketing que promuevan causas sociales o medioambientales, motivando a los empleados a contribuir con un impacto positivo.

5. **Desarrollo y Crecimiento Personal**: Otra manera de mantener la motivación en tiempos difíciles es ofrecer oportunidades de crecimiento y aprendizaje. **Microsoft**, por ejemplo, enfatiza el "mindset de crecimiento" en su cultura organizacional, alentando a los empleados a ver cada proyecto como una oportunidad de aprendizaje y mejora. Esto ayuda a transformar la frustración en una experiencia de crecimiento.

6. **Aplicación en una agencia de marketing**: Proporcionar acceso a cursos, talleres o charlas sobre temas que permitan a los empleados mejorar sus habilidades técnicas y personales. También se pueden organizar sesiones internas donde los empleados compartan lecciones aprendidas de proyectos recientes, fomentando así una cultura de crecimiento continuo.

Conclusión: La Identidad como Motor de la Cultura Organizacional

La identidad de una agencia es más que un conjunto de frases en la pared. Es la base que sustenta la cultura organizacional y, por lo tanto, define el éxito o el fracaso de un equipo. Para que una agencia prospere, no basta con contratar talento; es necesario contratar a las personas adecuadas que compartan los valores, la misión y la visión de la agencia. Si cada miembro del equipo está alineado con la identidad de la empresa, no solo trabajarán de manera más eficiente, sino que también estarán más motivados y comprometidos con el éxito de la agencia.

Capítulo 4: Tendencias Emergentes en Marketing y Cómo Adaptarse

Las tendencias cambian a una velocidad vertiginosa, y una agencia de marketing no puede permitirse quedarse estática. Adaptarse y anticiparse a las tendencias emergentes no es solo una ventaja competitiva, sino una necesidad para sobrevivir. Las agencias que no evolucionan con las nuevas herramientas y estrategias corren el riesgo de volverse irrelevantes. En StudioVainilla, hemos entendido que la clave para seguir creciendo es adoptar la tecnología y automatizar procesos, mientras mantenemos un enfoque personalizado con nuestros clientes.

Este capítulo abordará las tendencias emergentes en marketing, cómo adoptarlas de manera estratégica, y cómo crear un entorno de trabajo que maximice tanto la eficiencia interna como la satisfacción del cliente.

Automatización: La Clave para la Eficiencia y el Crecimiento

La automatización ha transformado la forma en que las agencias de marketing operan. A medida que los proyectos se vuelven más complejos y los plazos más ajustados, la automatización de tareas permite que los equipos se concentren en el trabajo que realmente requiere su atención creativa. En StudioVainilla, hemos automatizado gran parte de nuestros procesos internos y estrategias de contacto con los clientes, lo que no solo mejora nuestra eficiencia, sino que también garantiza que los clientes se sientan involucrados y siempre al tanto de sus proyectos.

Automatización en la gestión del proyecto

Uno de los aspectos clave en nuestra agencia ha sido la implementación de portales automatizados para nuestros clientes. Estos portales permiten que los clientes puedan seguir el progreso de sus proyectos en tiempo real, ver hitos alcanzados, tareas pendientes, e incluso recibir actualizaciones automáticas. Esto no solo elimina la incertidumbre para el cliente, sino que también refuerza un nivel de transparencia y confianza en cada etapa del proyecto.

Ejemplo: Portal de Proyectos

En proyectos complejos, como el desarrollo de campañas digitales multinivel, implementamos un portal personalizado donde los clientes pueden acceder para ver el estado exacto de cada tarea. Monday.com nos ha permitido construir estos flujos automatizados para que los clientes reciban notificaciones automáticas cada vez que hay avances o cambios importantes. Con esto, el cliente siempre siente que estamos trabajando cercanamente con ellos, y nunca hay un momento de duda sobre el progreso del proyecto.

Journey Map: Adaptando la Estrategia a la Herramienta

Cada cliente tiene un journey map distinto, y en StudioVainilla entendimos que para ser eficientes y productivos, nuestras herramientas deben estar alineadas con el viaje del cliente. Para esto, automatizamos procesos donde la estrategia no solo se enfoca en el producto final, sino también en cómo podemos interactuar con el cliente en cada fase. Desde la primera reunión hasta la post-entrega, cada paso está cuidadosamente estructurado y automatizado para que el cliente sienta que hay una atención continua.

Transparencia y Comunicación Constante con el Cliente

Uno de los pilares fundamentales en nuestra agencia es la transparencia con nuestros clientes. A medida que las herramientas y procesos se han vuelto más automatizados, nos hemos asegurado de que eso no signifique una desconexión humana. Todo lo contrario: utilizamos la tecnología para mantener un contacto constante con el cliente, garantizando que siempre sepan en qué fase se encuentra su proyecto, qué desafíos pueden surgir, y cómo estamos trabajando para resolverlos.

Proximidad a través de la automatización

Hemos diseñado herramientas internas que permiten a los clientes mantenerse al tanto de cada movimiento en sus campañas. Utilizamos Slack integrado con Monday.com, donde el cliente recibe notificaciones automatizadas que lo actualizan sobre el progreso del proyecto. Esto evita que se generen dudas y permite que, si en algún momento surgen preguntas o problemas, el cliente pueda tener una respuesta rápida.

Caso de éxito con una empresa de tecnología

En una campaña reciente para una empresa tecnológica, desarrollamos un sistema de notificaciones que permitía al cliente recibir actualizaciones automáticas sobre los cambios en su campaña. Estas notificaciones no eran solo superficiales, sino que incluían detalles sobre cómo ciertos KPIs clave estaban mejorando o ajustándose en tiempo real, lo que les daba confianza de que estábamos trabajando proactivamente.

Estrategias Personalizadas: Usando Herramientas para Mejorar la Productividad

En StudioVainilla, siempre hemos creído que cada cliente es único, por lo que su estrategia también debe serlo. La tecnología no solo facilita la automatización de tareas, sino que también nos permite crear estrategias personalizadas para cada cliente, adaptando las herramientas a sus necesidades específicas. Esto significa que no solo entregamos resultados, sino que también optimizamos la manera en que trabajamos.

Optimización del trabajo en equipo

El uso de Monday.com y otros sistemas automatizados no solo facilita la relación con el cliente, sino que también mejora la eficiencia de nuestros equipos. Cada miembro del equipo puede ver exactamente qué debe hacer, cómo encajan sus tareas dentro del proyecto más grande, y cuáles son los plazos y prioridades. Esto evita la duplicación de esfuerzos y asegura que todo el mundo esté alineado.

En un proyecto para un cliente internacional de moda, implementamos una serie de automatizaciones internas que nos permitieron asignar tareas de manera precisa y sincronizada entre creativos, diseñadores y gestores de cuentas. Esto redujo significativamente los tiempos de entrega y permitió que los clientes vieran avances continuos sin tener que preguntar.

Tendencias Emergentes: Lo que Viene en Marketing Digital

La inteligencia artificial (IA) y la automatización avanzada están transformando el marketing digital. Herramientas de análisis predictivo y optimización de campañas en tiempo real son solo algunas de las tendencias que están redefiniendo cómo las agencias deben trabajar. La clave no es solo implementar estas tecnologías, sino adaptarlas de manera que trabajen al servicio de la estrategia, en lugar de hacer que la estrategia gire en torno a ellas.

IA en la segmentación de audiencias

La IA no solo nos permite crear campañas personalizadas a gran escala, sino también ajustar las estrategias en tiempo real basándonos en el comportamiento del consumidor.

IA en Acción

En una campaña reciente, utilizamos IA para analizar grandes volúmenes de datos de usuarios, lo que nos permitió identificar patrones de comportamiento y ajustar los anuncios de manera proactiva. Como resultado, la campaña no solo fue más efectiva, sino que también logramos reducir los costos de adquisición en un 30%.

Caso de Estudio: Cómo StudioVainilla Automatizó la Relación con el Cliente

Uno de los proyectos más exitosos que hemos implementado en StudioVainilla fue la automatización de la relación con los clientes. Diseñamos un sistema donde los clientes pueden ver el progreso de sus campañas en tiempo real, hacer comentarios sobre las tareas que se están completando y recibir notificaciones cada vez que un hito importante es alcanzado.

Además, implementamos una serie de flujos de trabajo automatizados que permiten que nuestros equipos internos reciban recordatorios y actualizaciones automáticas para mantener los proyectos en marcha. Esto no solo mejora la eficiencia, sino que garantiza que el cliente nunca tenga que adivinar qué está pasando con su proyecto.

Conclusión del Capítulo

La tecnología está redefiniendo la manera en que operan las agencias de marketing. La automatización, la transparencia y el contacto constante con el cliente son las claves para mantenerse competitivo en un mercado saturado. Las agencias que logren integrar estas herramientas sin perder el toque humano serán las que prosperen.

En StudioVainilla, hemos encontrado un equilibrio entre la automatización y la personalización, lo que nos permite ser más eficientes sin dejar de lado la proximidad con nuestros clientes. Esta combinación de tecnología y estrategia personalizada es lo que nos ha permitido crecer y ofrecer soluciones que realmente generan impacto.

Capítulo 5: Marketing Basado en Datos: La Era del Marketing Analítico

En el mundo del marketing, si algo no se puede medir, no sirve. Esta es una máxima que he defendido a lo largo de mi carrera, porque los datos son la base para tomar decisiones informadas y garantizar el cumplimiento de objetivos. Sin métricas claras y KPIs (Key Performance Indicators) bien definidos, cualquier estrategia corre el riesgo de quedar en lo abstracto, sin una dirección concreta ni posibilidad de mejora. El marketing basado en datos no solo optimiza el rendimiento de las campañas, sino que también ofrece a los clientes una visión clara y medible del impacto de las acciones de marketing. En este capítulo, vamos a profundizar en la diferencia entre métricas y KPIs, y cómo crear objetivos SMART que guíen las estrategias.

Métricas vs. KPIs: Entender la Diferencia

Antes de definir objetivos, es fundamental entender la diferencia entre una métrica y un KPI. Muchas veces los profesionales del marketing utilizan estos términos indistintamente, lo que genera confusión y, en ocasiones, enfoca la estrategia en métricas banales que no impactan los resultados del negocio.

Métricas:

Las métricas son los datos o números que reflejan el rendimiento de una actividad, pero no necesariamente miden el éxito. Son datos que pueden ayudar a entender el comportamiento de una campaña, pero no todos estos números son decisivos para los objetivos empresariales.

Ejemplos de métricas:
- Número de impresiones
- Tasa de clics (CTR)
- Tiempo en el sitio web
- Número de seguidores en redes sociales

KPIs:

Un KPI es una métrica clave que refleja directamente el cumplimiento de un objetivo específico y crítico para el éxito del negocio. Los KPIs deben estar alineados con los objetivos generales de la empresa y ser capaces de medir el progreso hacia esos objetivos.

Ejemplos de KPIs:

- Incremento del 15% en las ventas trimestrales
- Reducción del costo de adquisición por cliente (CAC) en un 10%
- Aumento del 25% en la tasa de conversión del sitio web en 6 meses

Cómo Definir Objetivos SMART en Marketing

Los objetivos SMART son una herramienta indispensable para definir metas claras y alcanzables. Muchas veces, los equipos se centran en objetivos abstractos o subjetivos, lo que hace difícil medir el éxito real. Un objetivo SMART permite una mayor claridad y un enfoque en resultados específicos y medibles.

Un objetivo SMART debe ser:

- Específico (Specific): Claramente definido, sin ambigüedades.
- Medible (Measurable): Debe incluir criterios concretos para medir el progreso.

- Alcanzable (Achievable): Debe ser realista, basado en las capacidades y recursos disponibles.
- Relevante (Relevant): Debe estar alineado con los objetivos generales de la empresa.
- Con tiempo definido (Time-bound): Debe tener un marco temporal claro para su cumplimiento.

Ejemplo de un objetivo SMART bien formulado:

- Incrementar el tráfico orgánico del sitio web en un 25% en los próximos 6 meses mediante la implementación de una estrategia de contenido SEO, para mejorar la visibilidad en los motores de búsqueda.

Ejercicio Práctico: Definir Objetivos SMART

Vamos a poner en práctica cómo definir objetivos SMART, considerando tanto las métricas como los KPIs clave para tu estrategia de marketing. Supongamos que estás desarrollando una campaña para aumentar las ventas de un e-commerce especializado en ropa.

Paso 1: Definir el objetivo general

El objetivo es aumentar las ventas del e-commerce. Pero, este objetivo es demasiado amplio y poco claro, así que lo vamos a estructurar siguiendo el marco SMART.

Paso 2: Convertirlo en un objetivo SMART

1. Específico: ¿Qué queremos lograr exactamente? Aumentar las ventas trimestrales en un 15% a través de una campaña de marketing digital en redes sociales y Google Ads.
2. Medible: ¿Cómo medimos el éxito? Las ventas deben aumentar en un 15% y podemos medirlo utilizando el sistema de ventas de la tienda online.
3. Alcanzable: ¿Es realista este aumento? Sabemos que nuestro promedio de crecimiento es del 10% por trimestre, por lo que un 15% es un reto alcanzable, pero ambicioso.
4. Relevante: ¿Está alineado con los objetivos de negocio? Sí, porque el objetivo principal del e-commerce es aumentar las ventas en un 20% anual, y

este crecimiento trimestral contribuiría a lograr ese objetivo.

5. Con tiempo definido: ¿Cuándo queremos lograrlo? Dentro del próximo trimestre, lo que significa que tenemos 3 meses para alcanzar la meta.

Objetivo SMART final:

Incrementar las ventas del e-commerce en un 15% durante los próximos 3 meses, a través de una campaña de marketing digital que incluya anuncios en Google Ads y redes sociales, utilizando métricas como el costo por adquisición (CAC) y la tasa de conversión.

Estimar Crecimientos, Mediciones y Porcentajes

Una vez que los objetivos SMART están definidos, el siguiente paso es medir el progreso y estimar crecimientos. Es fundamental tener en cuenta cómo estos objetivos se traducen en cifras cuantificables y cómo podemos proyectar el impacto en base a las acciones que tomamos.

Cómo estimar un crecimiento

Supongamos que tu e-commerce tiene actualmente 100 ventas mensuales, y el objetivo es aumentar estas ventas en un 15% trimestralmente. Esto significa que al final del trimestre, el objetivo es llegar a:

La fórmula para calcular las ventas objetivo sería:

- Ventas objetivo = 100 x 1.15 = 115 ventas al mes.
- Esto significa que, partiendo de 100 ventas al mes, el objetivo es aumentar un 15%, lo que da como resultado 115 ventas al mes.
- De esta forma, puedes estimar el número exacto de ventas que se necesitan para cumplir el objetivo.

Proyectar KPIs y medir el éxito

Imaginemos que tu costo de adquisición actual es de $20 por cliente, y el objetivo es reducir este costo en un 10%. El KPI que vamos a seguir sería:

La fórmula para calcular el costo de adquisición objetivo sería:

Costo de adquisición objetivo = 20 x (1 - 0.10) = 18 dólares por cliente. Esto indica que, si el costo de adquisición inicial es de 20 dólares por cliente y se busca reducirlo en un 10%, el nuevo costo de adquisición objetivo sería de 18 dólares por cliente.

Al monitorear continuamente este KPI, sabremos si estamos en el camino correcto o si necesitamos ajustar la estrategia.

Evitar Métricas Banales: Focalizar en lo que Importa

Muchas agencias y profesionales del marketing suelen enfocarse en métricas banales que, aunque interesantes, no siempre son indicativas del éxito del negocio.

Las métricas como el número de impresiones, "me gusta" en redes sociales, o el tráfico bruto no siempre son representativas del impacto real en los objetivos de ventas o crecimiento.

Ejemplo de métricas banales:

• Número de seguidores en redes sociales: Aunque puede ser un indicador de popularidad, tener muchos seguidores no garantiza un impacto positivo en los resultados comerciales.
• Impresiones: Es importante saber cuántas personas vieron tu anuncio, pero lo crucial es cuántas realmente interactuaron con él y se convirtieron en clientes.

El éxito del marketing digital debe medirse por métricas que afecten directamente los resultados, como el retorno sobre la inversión publicitaria (ROAS), la tasa de conversión, o el valor promedio de compra.

El "Parálisis por Análisis" y Cómo Evitarlo con Métricas y KPIs Efectivos

Una de las frases que más he repetido a lo largo de mi experiencia es: "Parálisis por análisis." Este término describe una situación que se da con frecuencia en los equipos de marketing: la sobrecarga de datos y métricas, que llevan a la inacción debido a la incapacidad de decidir qué información es realmente útil.

El problema con tantas métricas es que, si no sabemos cómo manejarlas o priorizarlas, podemos llegar a un punto de parálisis, donde no se toman decisiones estratégicas debido a la complejidad de analizar todos los datos disponibles. Este fenómeno es peligroso, porque puede desviar el enfoque de las acciones y decisiones más importantes que realmente impactan el negocio.

Cuando te enfrentas a esta parálisis por análisis, la clave es saber filtrar y priorizar. No todas las métricas son importantes, y no todas las métricas deben convertirse en un KPI. Un buen KPI debe ser una métrica crítica, que directamente refleje el progreso hacia un objetivo relevante. Entonces, ¿cómo evitar este parálisis?

Para evitar caer en la trampa de analizar demasiados datos irrelevantes, debes hacerte preguntas clave sobre cada métrica. ¿Es esta métrica realmente exitosa para medir el cumplimiento del objetivo? Si la respuesta es sí, puedes usarla como KPI. Si la respuesta es no, esa métrica no debe formar parte del análisis estratégico.

Conclusión del Capítulo

El marketing basado en datos no es una moda, sino una necesidad. Si algo no se mide, no sirve. Definir objetivos SMART claros y específicos, diferenciando entre métricas y KPIs, es la base para generar resultados medibles y cumplimientos de objetivos que aporten valor real al negocio. Utilizar esta metodología no solo mejora el rendimiento de las campañas, sino que también asegura que cada acción tenga un impacto tangible.

Recuerda, los números son la clave para evaluar, ajustar y mejorar. Cada objetivo debe ser cuantificable y medible, para que puedas verificar el éxito y, en caso de ser necesario, ajustar la estrategia.

La diferencia entre KPIs (Indicadores Clave de Desempeño) y métricas radica en su enfoque y finalidad:

- **KPI:** Es un indicador específico que mide el rendimiento de un objetivo clave para la empresa. Está directamente relacionado con los objetivos estratégicos y su éxito.

- **Métricas:** Son datos generales que miden cualquier aspecto del rendimiento. Las métricas ofrecen información, pero no todas son cruciales para el éxito de los objetivos estratégicos.

Ejemplo:
- **Métrica:** El número de seguidores en redes sociales.
- **KPI:** El porcentaje de conversión de seguidores en clientes (que directamente mide el éxito de un objetivo de ventas).

En resumen, todos los KPIs son métricas, pero no todas las métricas son KPIs. Los KPIs están estrechamente ligados a los resultados estratégicos.

Capítulo 6: Automatización y Gestión Eficiente de Proyectos en una Agencia de Marketing

La gestión de proyectos en una agencia de marketing implica mucho más que solo coordinar tareas; es una disciplina que requiere planificación detallada, organización, y la capacidad de ejecutar múltiples campañas simultáneamente, sin sacrificar calidad ni plazos.

Sin una estrategia clara y las herramientas adecuadas, las agencias pueden verse abrumadas y caer en el caos administrativo, lo que afecta directamente la productividad y la satisfacción del cliente.

En StudioVainilla, hemos adoptado un enfoque centrado en la automatización y la integración de plataformas para gestionar eficazmente los proyectos. Herramientas como Monday.com, Slack, y otras integraciones nos permiten optimizar los flujos de trabajo, mejorar la transparencia con el cliente, y aumentar la productividad del equipo.

Este capítulo explora cómo automatizar procesos, cómo integrar múltiples plataformas para una mejor eficiencia y cómo elegir el modelo de gestión de proyectos que mejor se adapte a tu proyecto.

La Importancia de la Planificación en la Gestión de Proyectos

La planificación es el cimiento de cualquier proyecto exitoso. En la gestión de proyectos de marketing, la planificación incluye la definición de objetivos, la asignación de recursos, y la determinación de plazos. Sin una planificación detallada, los proyectos pueden fácilmente salirse de control, lo que genera retrasos y aumenta la frustración, tanto para el equipo como para el cliente.

Elementos clave en la planificación de proyectos:

1. **Definir objetivos SMART:** Un objetivo claro es esencial para guiar el proyecto. Los objetivos deben ser específicos, medibles, alcanzables, relevantes y con tiempo definido (SMART). Definir metas basadas en KPIs medibles es clave para evaluar el progreso del proyecto y asegurar que se está cumpliendo con las expectativas del cliente.

2. **Asignación de roles y tareas:** La delegación clara es crucial. Todos los miembros del equipo deben saber quién es responsable de qué tareas, y cuáles son los plazos específicos. Esto minimiza la duplicación de esfuerzos y asegura que no haya malentendidos sobre quién debe completar cada tarea.

3. **Flujo de trabajo visual:** Herramientas como Monday.com te permiten visualizar todas las fases de un proyecto en un tablero, lo que facilita el seguimiento del progreso. Con un flujo visual, es más fácil identificar cuellos de botella y redistribuir tareas cuando sea necesario.

4. **Revisiones periódicas:** Establecer puntos de control regulares permite evaluar el progreso del proyecto y hacer ajustes antes de que los problemas se agraven. Ya sea semanal o quincenal, las revisiones regulares son cruciales para mantener los proyectos en el buen camino.

Automatización: La Clave para la Eficiencia

La automatización de procesos es uno de los avances más transformadores en la gestión de proyectos. Al eliminar tareas repetitivas y minimizar el riesgo de errores humanos, la automatización permite que los equipos se concentren en actividades más estratégicas y creativas. En StudioVainilla, hemos implementado automatizaciones que cubren desde la asignación de tareas hasta las notificaciones de progreso y la generación de reportes automáticos.

Áreas clave para automatizar en la gestión de proyectos:

1. **Asignación automática de tareas:** Con plataformas como Monday.com, puedes configurar reglas que asignen automáticamente tareas a miembros del equipo cuando se cumplen ciertos criterios. Esto elimina la necesidad de delegar manualmente y asegura que las tareas se asignen de manera rápida y eficiente.

2. **Flujos de aprobación automatizados:** La revisión y aprobación de tareas puede ser una fuente

de demoras en los proyectos. Con un flujo de aprobación automatizado, una vez que una tarea se completa, se envía automáticamente al supervisor o cliente correspondiente para su revisión. Si se aprueba, pasa a la siguiente fase; si se rechaza, vuelve al equipo de trabajo con comentarios detallados.

3. **Recordatorios automáticos:** Las herramientas de gestión de proyectos como Monday.com permiten configurar recordatorios automáticos para los miembros del equipo cuando se acercan los plazos. Esto evita que las tareas se olviden o que los proyectos se retrasen por falta de seguimiento.

4. **Reportes automatizados:** La generación manual de reportes puede consumir mucho tiempo, especialmente cuando los proyectos son grandes y abarcan múltiples equipos. Las plataformas modernas permiten generar reportes de progreso automáticos, que se pueden enviar directamente al cliente o al equipo de gestión cada semana o mes.

5. **Actualizaciones automáticas al cliente:** Al integrar plataformas como Slack o Zapier con tu

sistema de gestión de proyectos, puedes enviar actualizaciones automáticas al cliente cuando se alcanzan hitos importantes. Esto no solo mejora la transparencia, sino que también reduce la necesidad de reuniones constantes para dar informes de progreso.

Integraciones que Mejoran la Productividad

Las integraciones entre diferentes plataformas son esenciales para crear un flujo de trabajo coherente y eficiente. En una agencia, diferentes equipos pueden estar utilizando diferentes herramientas (CRM, plataformas de marketing, gestión de proyectos), por lo que conectar estas herramientas mediante integraciones automatizadas garantiza que la información fluya sin problemas entre todos.

Integraciones que usamos en StudioVainilla:

1. Monday.com + Slack: Esta es una de nuestras integraciones más utilizadas. Cada vez que se

completa una tarea en Monday.com, se envía automáticamente una notificación a los canales de Slack correspondientes. Esto permite al equipo estar al tanto de los cambios en tiempo real, sin la necesidad de revisar manualmente el tablero de tareas.

2. Google Drive + Monday.com: Al integrar Google Drive con Monday.com, cualquier archivo que subamos en la plataforma de gestión de proyectos se sincroniza automáticamente con nuestros documentos compartidos. Esto asegura que todos los miembros del equipo tengan acceso a los archivos más recientes sin perder tiempo buscando documentos en diferentes ubicaciones.

3. Zapier + CRM: Con Zapier, hemos automatizado el flujo de información entre nuestro CRM y Monday.com. Cuando un cliente llena un formulario en nuestro sitio web, Zapier lo convierte en una tarea en nuestro sistema de gestión, asignando automáticamente un gestor de cuentas para hacer seguimiento.

4. Calendarios Automáticos: Integramos nuestras plataformas con calendarios compartidos, de manera que las fechas límite de los proyectos y los hitos importantes se sincronizan automáticamente con Google Calendar o Microsoft Outlook. Esto permite al equipo estar alineado con los plazos sin tener que verificar diferentes plataformas.

Tip técnico:

Para optimizar el flujo de trabajo en tu agencia, es importante no sobrecargar a tu equipo con demasiadas integraciones o herramientas. Prioriza aquellas integraciones que aportan un valor claro al proyecto y simplifican los procesos, no aquellas que simplemente añaden más complejidad.

Modelos de Gestión de Proyectos: Elegir el Mejor para tu Agencia

La elección de un modelo de gestión de proyectos adecuado depende del tipo de trabajo que realice tu agencia, los plazos de entrega y las necesidades del cliente.

Aquí exploramos tres modelos de gestión de proyectos que han demostrado ser eficaces en diferentes tipos de agencias.

Modelo 1: Waterfall (Cascada)

El modelo Waterfall, o de cascada, es uno de los enfoques tradicionales de la gestión de proyectos. En este modelo, el proyecto se ejecuta en una secuencia lineal de fases: planificación, ejecución y entrega.

Ventajas:
- Muy estructurado y fácil de entender.
- Funciona bien para proyectos con requisitos claros y poco probables a cambiar.

Desventajas:
- Poco flexible; los cambios en una fase afectan las siguientes.
- No es ideal para entornos donde las necesidades del cliente pueden cambiar con frecuencia.

Cuándo usarlo: El modelo Waterfall es ideal para

proyectos bien definidos, como la creación de un sitio web corporativo o la implementación de campañas con pocas variables.

Modelo 2: Scrum (Metodología Ágil)

Scrum es una metodología ágil que se centra en la entrega de valor mediante ciclos cortos de trabajo llamados sprints. En cada sprint, el equipo completa un conjunto de tareas que luego son revisadas y ajustadas según los comentarios del cliente.

Ventajas:
- Muy adaptable a los cambios.
- Permite una entrega continua de resultados tangibles.
- Promueve la colaboración constante y el ajuste continuo.

Desventajas:
- Requiere una gran disciplina y reuniones frecuentes para asegurar que todo se mantenga alineado.
- Puede ser complicado de implementar si el equipo no está bien entrenado.

Cuándo usarlo: El Scrum es ideal para proyectos donde las variables pueden cambiar rápidamente, como campañas de marketing digital que requieren ajustes según el rendimiento de los anuncios.

Modelo 3: Kanban

El Kanban es un enfoque visual que organiza las tareas en columnas que representan diferentes estados de trabajo, como "Pendiente", "En Progreso", y "Completado". Este modelo es altamente visual y se centra en gestionar el flujo de trabajo continuo, permitiendo que las tareas se muevan a través de estas columnas a medida que avanzan.

Ventajas:
- Fácil de implementar y entender.
- Proporciona una visualización clara del estado de cada tarea.
- Permite identificar cuellos de botella en el flujo de trabajo de forma inmediata.

Desventajas:
- No incluye una estructura formal de plazos, por lo que

los tiempos de entrega deben gestionarse manualmente.
- No es ideal para proyectos con dependencias complejas entre tareas.

Tabla Comparativa para Modelos de Gestión de Proyectos

Modelo	Descripción	Ventajas	Desventajas	Mejor para
Scru	Enfoque ágil basado en sprints cortos de trabajo con entregas parciales y revisiones constantes.	• Flexibilidad alta • Retroalimentación continua	• Requiere alta participación del equipo • Mayor seguimiento	Proyectos creativos o campañas con plazos cortos que necesitan iteraciones rápidas.
Kanban	Sistema visual de gestión de tareas en un tablero con columnas (To Do, In Progress, Done).	• Visual y fácil de entender • Facilita priorización	• Menor estructura • Dificultad para proyectos largos	Equipos que manejan tareas en curso continuo o agencias con múltiples campañas simultáneas.
Waterfal	Modelo secuencial donde cada fase debe completarse antes de pasar a la siguiente.	• Claridad en los pasos • Documentación exhaustiva	• Poco flexible • Dificultad para adaptarse a cambios	Proyectos bien definidos desde el inicio con poco margen de cambio (ej., sitios web).
Agil	Filosofía de trabajo ágil con ciclos iterativos de desarrollo y entregas incrementales.	• Altamente adaptable • Involucra al cliente en cada fase	• Requiere buena comunicación • Puede ser caótico si no se organiza bien	Proyectos complejos y cambiantes que necesitan adaptación constante (ideal para campañas innovadoras).

La Importancia de Elegir el Modelo Correcto

Elegir el modelo correcto para la gestión de proyectos en una agencia de marketing depende del tipo de trabajo, las necesidades del cliente, y la flexibilidad requerida en el proceso. Las agencias que trabajan con campañas a largo plazo y bien definidas pueden beneficiarse del enfoque estructurado de Waterfall, mientras que aquellas que manejan proyectos más dinámicos, como campañas publicitarias digitales, encontrarán en Scrum una mejor solución. Para proyectos de producción continua, Kanban es ideal para mantener una visión clara del progreso sin necesidad de reuniones constantes.

En StudioVainilla, hemos implementado una combinación de estos modelos, dependiendo de las necesidades de cada cliente y proyecto. Por ejemplo, para campañas complejas de varios meses, utilizamos una mezcla de Scrum y Kanban, donde los sprints de trabajo se combinan con un flujo continuo de tareas visuales. Esto nos permite mantener un ritmo constante y organizado, sin perder de vista las prioridades del proyecto y adaptándonos rápidamente a cambios inesperados o ajustes solicitados por el cliente. De esta manera, podemos gestionar tanto la planificación a largo plazo como las tareas diarias de una manera flexible y eficiente.

Consejos Prácticos para la Gestión de Proyectos

1. Documenta todo: Toda la información sobre los plazos, las tareas, los responsables y las aprobaciones debe estar documentada. Usar herramientas como Monday.com o Trello asegura que todo esté visible para el equipo, evitando malentendidos y manteniendo un registro de cada avance.
2. Mantén revisiones continuas: No esperes hasta el final del proyecto para evaluar su progreso. Establecer puntos de revisión frecuentes te permite corregir el curso si es necesario, lo que reduce los errores a largo plazo.
3. Establece métricas claras: Los KPIs deben estar claramente definidos desde el inicio del proyecto. Esto permitirá medir el éxito del proyecto y hacer ajustes en caso de que los resultados estén por debajo de las expectativas.
4. Automatiza lo que puedas: La automatización de

tareas repetitivas, como la asignación de responsabilidades o la creación de reportes, libera tiempo para que el equipo se concentre en las tareas estratégicas y creativas. Herramientas como Zapier o las automatizaciones integradas de Monday.com y Slack pueden hacer una gran diferencia en la productividad.

5. Prioriza la transparencia: Mantener una línea de comunicación abierta y transparente con el cliente es crucial. Usar portales donde los clientes puedan ver el progreso del proyecto en tiempo real evita la necesidad de reuniones innecesarias y mejora la confianza.

Recientemente, en StudioVainilla, trabajamos con un cliente del sector tecnológico que necesitaba una serie de lanzamientos de productos digitales a lo largo de seis meses. La complejidad del proyecto implicaba coordinar entre varios equipos (creativos, desarrolladores y marketing), así como mantener una comunicación constante con el cliente para ajustar la estrategia según el rendimiento de las campañas.

Implementamos una combinación de Scrum y Kanban para gestionar el proyecto. Cada dos semanas, realizábamos un sprint para entregar avances concretos, mientras que las tareas diarias se organizaban en un tablero Kanban para que todos los miembros del equipo y el cliente pudieran ver el progreso en tiempo real.

Automatizamos los flujos de aprobación, lo que significaba que, tan pronto como se completaba una pieza creativa, el director del proyecto recibía una notificación automática para revisarla y aprobarla. Las actualizaciones sobre el estado de los hitos importantes se enviaban automáticamente al cliente a través de Slack, lo que les daba visibilidad sin necesidad de preguntar continuamente por los avances.

El resultado fue un 30% de reducción en el tiempo de ejecución, sin comprometer la calidad del trabajo. Además, la satisfacción del cliente aumentó notablemente debido a la transparencia del proceso y la capacidad de ver el progreso en tiempo real.

La gestión de proyectos en una agencia de marketing no puede ser improvisada. Requiere una planificación detallada, una estructura clara y la capacidad de adaptarse.

Capítulo 7: Optimización del Equipo y Roles Clave

Un equipo fuerte y bien estructurado es el motor de cualquier agencia de marketing exitosa. Más allá de las herramientas y las estrategias, el verdadero impacto se produce cuando los roles clave están bien definidos y cuando cada miembro del equipo está alineado con la visión de la agencia. En este capítulo, exploraremos cómo optimizar la estructura del equipo, los roles indispensables dentro de una agencia de marketing, y las estrategias de algunos de los grandes líderes empresariales para maximizar el rendimiento de sus equipos.

La Importancia de los Roles Definidos en una Agencia de Marketing

Uno de los grandes errores que cometen muchas agencias es no tener roles claramente definidos. La falta de claridad en las responsabilidades puede llevar a la duplicación de esfuerzos, descoordinación y una disminución en la productividad. Empresas como Amazon, Apple, y Google han demostrado que un equipo bien estructurado, donde cada persona entiende su función exacta, es clave para la innovación y el rendimiento.

Los Roles Clave en una Agencia de Marketing

1. **Director Creativo**

   Este es el visionario detrás de la creatividad de la agencia. Es el responsable de liderar el equipo creativo y asegurarse de que las campañas publicitarias sean coherentes con la marca del cliente y altamente efectivas. Un buen director creativo sabe cómo gestionar las ideas más innovadoras y balancearlas con la realidad del cliente y sus necesidades.

   Caso Inspirador: Lee Clow, el legendario director creativo de TBWA\Chiat\Day, es responsable de algunas de las campañas más icónicas del siglo XX, incluyendo el famoso comercial "1984" de Apple. Su liderazgo en la creatividad ha sido una fuente constante de inspiración en la industria publicitaria.

2. **Director de Estrategia (CSO)**

   El director de estrategia es el cerebro detrás de las decisiones de marketing. Es quien determina qué mercados abordar, cómo segmentar a los consumidores, y cómo enfocar la campaña para obtener el mejor retorno sobre la inversión (ROI). Debe ser capaz de combinar datos con intuición para diseñar estrategias ganadoras.

Frase Inspiradora: Sheryl Sandberg, COO de Meta (antes Facebook), ha dicho: *"Lo que se mide, se mejora."*

Sandberg enfatiza la importancia de la estrategia basada en datos y cómo las decisiones fundamentadas en KPIs claros pueden marcar la diferencia en el éxito de una campaña.

3. **Gestor de Cuentas (Account Manager)**

El gestor de cuentas es el enlace entre el cliente y la agencia. Su principal responsabilidad es mantener al cliente informado, gestionar las expectativas y asegurar que el equipo interno cumpla con las fechas de entrega y los resultados prometidos. Un buen gestor de cuentas tiene habilidades sobresalientes en comunicación, organización, y una profunda comprensión de la industria del cliente.

Tip: Los mejores gestores de cuentas entienden tanto el lado técnico como el creativo del marketing. Esto les permite hablar el mismo idioma que los creativos y los estrategas, al tiempo que gestionan las expectativas del cliente.

4. **Especialista en Datos y Analítica**

En la era del marketing digital, la analítica es crucial. Los especialistas en datos son responsables de monitorear las métricas, interpretar los resultados y proporcionar informes que ayuden al equipo a ajustar las estrategias en tiempo real. Un dato interesante es que Netflix atribuye gran parte de su éxito a su enfoque en la analítica avanzada para tomar decisiones en marketing y producción.

Ejemplo Inspirador: Reed Hastings, CEO de Netflix, ha dicho: *"Los datos no sustituyen la creatividad, pero sí la hacen más efectiva."* Netflix utiliza un enfoque de datos para personalizar su contenido a cada usuario, y lo mismo aplica en el marketing: los datos permiten personalizar las campañas para que lleguen a la audiencia correcta, en el momento correcto.

5. **Especialista en SEO/SEM**

Un SEO/SEM Manager es quien se asegura de que las campañas digitales estén optimizadas para motores de búsqueda y maximicen el tráfico pagado (SEM).

Este rol es clave para cualquier agencia que gestione campañas digitales, y requiere estar al día con los últimos cambios en los algoritmos de Google y otras plataformas.

Tip: Para este rol, la curiosidad y el aprendizaje constante son fundamentales. Las reglas del SEO y el SEM cambian con frecuencia, y estar al día es una ventaja competitiva. Neil Patel, uno de los expertos más influyentes en SEO, ha dicho: *"SEO es un juego a largo plazo, y los ganadores son aquellos que están dispuestos a aprender continuamente."*

Optimización del Equipo: Crear la Estructura Ideal

Las grandes empresas, desde Google hasta Unilever, han demostrado que el verdadero éxito está en saber cómo construir equipos equilibrados y diversificados. No solo se trata de tener personas con grandes habilidades, sino de asegurar que esas habilidades se complementen entre sí.

1. Diversidad en el Equipo

Estudios demuestran que los equipos diversos son más

innovadores. Según un estudio de McKinsey & Company, las empresas con una alta diversidad en sus equipos de liderazgo tienen un 35% más de probabilidades de superar a sus competidores en términos de rentabilidad. La diversidad aporta nuevas perspectivas, lo que permite que la agencia resuelva problemas de manera más creativa.

Ejemplo Inspirador: Sundar Pichai, CEO de Google, ha hablado a menudo sobre cómo la diversidad en Google ha sido una de las razones por las cuales la empresa sigue a la vanguardia de la innovación tecnológica: *"Cuando todos están de acuerdo en todo, no surgen las mejores ideas. Es la diversidad lo que lleva a la innovación."*

2. Colaboración y Cultura de Equipo

Una agencia que fomenta una cultura colaborativa permite que las ideas fluyan libremente y se desarrollen de forma conjunta. En StudioVainilla, hemos aprendido que el trabajo en equipo no solo genera mejores ideas, sino que también mejora la moral del equipo.

Frase Inspiradora: Richard Branson, fundador de Virgin Group, ha dicho: "Los clientes no son lo primero, los empleados lo son. Si cuidas de tus empleados, ellos cuidarán de los clientes." Esto refleja la importancia de construir una cultura fuerte y colaborativa, donde los empleados se sientan valorados y motivados a dar lo mejor de sí mismos.

Liderazgo Inspirador: Lecciones de los Grandes

Los grandes CEOs y líderes empresariales han destacado no solo por su capacidad de innovar en sus productos, sino también por cómo manejan a sus equipos y optimizan sus talentos. Aprender de ellos puede transformar tu agencia.

1. Jeff Bezos (Amazon): Alta Autonomía, Alta Responsabilidad

Uno de los principios que ha hecho de Amazon una empresa tan exitosa es el concepto de equipos pequeños y autónomos. Bezos fomenta un ambiente donde cada equipo es responsable de sus resultados y tiene la autonomía para tomar decisiones.

Lección: *Proporciona a tu equipo la libertad de tomar decisiones, pero haz que cada uno sea responsable de los resultados. Esto fomenta una cultura de responsabilidad y ejecución rápida.*

2. Satya Nadella (Microsoft): Liderazgo Humano

Cuando Nadella asumió el cargo de CEO de Microsoft en 2014, transformó la cultura interna de la empresa. Bajo su liderazgo, Microsoft pasó de ser una compañía enfocada en la competencia interna a una organización colaborativa y centrada en el crecimiento del talento.

Nadella dijo: *"El verdadero liderazgo no es sobre tener todas las respuestas, sino sobre hacer las preguntas correctas."* Esto refleja un enfoque en la empatía y en liderar con una mentalidad de crecimiento, incentivando la colaboración y el aprendizaje continuo.

3. Elon Musk (Tesla/SpaceX): Velocidad e Innovación

Elon Musk ha revolucionado múltiples industrias y ha sido un gran defensor de moverse rápido y no temer a los errores. En SpaceX, el enfoque está en aprender de los errores lo más rápido posible para impulsar la innovación continua.

Lección: *La velocidad y la tolerancia al fracaso son fundamentales para avanzar. No temas cometer errores, siempre que tu equipo esté dispuesto a aprender de ellos rápidamente. En StudioVainilla, hemos aprendido que es mejor fallar rápido y corregir pronto que paralizarnos por temor a equivocarnos. Este enfoque nos ha permitido mejorar continuamente y adaptarnos a los cambios sin perder impulso. El error es parte del proceso de crecimiento, pero lo que realmente importa es cómo se maneja y se aprende de él para avanzar hacia el éxito.*

Creando un Plan de Comunicación Corporativa Eficiente. La Importancia de un Plan de Comunicación Integrado

En una empresa o agencia de marketing, un plan de comunicación es vital para mantener la cohesión interna y proyectar una imagen clara y consistente hacia los clientes y socios. Tener múltiples herramientas de comunicación a disposición puede generar confusión si no se gestionan de manera integrada. Para evitar que la comunicación se disperse, es esencial elegir las herramientas correctas y desarrollar un plan bien estructurado que conecte todas las áreas de la empresa.

Un plan de comunicación sólido debe:

1. Definir cómo se comunica el equipo internamente (mensajes rápidos, gestión de proyectos, reuniones).
2. Garantizar la transparencia y eficiencia al comunicar con los clientes.
3. Optimizar el flujo de información para evitar duplicación de esfuerzos o malentendidos.
4. Facilitar el seguimiento de tareas y objetivos con herramientas que permitan gestionar proyectos, documentos y procesos.

Paso 1: Diagnóstico Inicial y Definición de Objetivos

Antes de elegir cualquier herramienta, es esencial hacer un diagnóstico de la situación actual de la comunicación dentro de la empresa o agencia. Este diagnóstico debe incluir preguntas como:

- ¿Cómo se está comunicando el equipo actualmente? ¿Qué herramientas ya están en uso?
- ¿Hay brechas en la comunicación entre equipos o con

los clientes?

- ¿Cuáles son los principales problemas de comunicación que enfrenta la empresa? (falta de claridad, retrasos, sobrecarga de información).
- ¿Qué tipo de comunicación es la más importante para la empresa? (mensajes rápidos, reuniones formales, gestión de tareas).
- Una vez hecho el diagnóstico, se deben definir los objetivos de comunicación:
- Mejorar la transparencia y el acceso a la información.
- Agilizar la toma de decisiones mediante herramientas de colaboración rápidas.
- Aumentar la productividad con menos interrupciones y mejores flujos de trabajo.

Paso 2: Selección de Herramientas: Elegir las Correctas para el Plan

Aquí es donde entra en juego la elección adecuada de herramientas. La clave está en seleccionar las herramientas que mejor se adapten a las necesidades de comunicación de la empresa, buscando siempre integración y consistencia. Es fundamental evitar la redundancia de herramientas y optar por aquellas que se complementen.

1. Mensajería Instantánea y Comunicación Rápida

La comunicación diaria entre los equipos requiere de herramientas de mensajería instantánea que permitan enviar mensajes cortos, compartir archivos rápidamente, y mantener la fluidez sin saturar otros canales como el correo.

Ejemplos de Herramientas:
- Slack: Ideal para crear canales de equipo, departamentos o proyectos específicos. Facilita la integración con otras herramientas como Google Drive o Trello.
- Microsoft Teams: Similar a Slack, pero completamente integrado con el ecosistema de Microsoft 365, facilitando el uso de SharePoint, OneDrive, y otras aplicaciones de Microsoft.
- Google Chat: Integrado con Google Workspace, permite comunicarse y colaborar directamente en documentos o videollamadas de Google Meet.

2. Videoconferencias y Reuniones Virtuales

Es vital elegir herramientas de videoconferencia que se integren con las demás plataformas utilizadas por la empresa. Si ya se utiliza Google Workspace, por ejemplo, tiene sentido usar Google Meet en lugar de otras plataformas como Zoom para evitar conflictos y asegurar una experiencia unificada.

Ejemplos de Herramientas:

- Google Meet: Totalmente integrado con Google Calendar y Google Workspace, facilita la creación de reuniones y la sincronización con otras herramientas.
- Zoom: Muy útil para empresas que necesitan funciones avanzadas de videoconferencia, como seminarios web, integración con calendarios externos y opciones de grabación más completas.
- Microsoft Teams: Ofrece videollamadas integradas dentro de la misma plataforma de mensajería, ideal para empresas que ya usan Microsoft 365.

3. Gestión de Proyectos y Tareas

Para el seguimiento de proyectos y la organización de tareas, es esencial contar con una plataforma que centralice toda la información relacionada con el progreso de los proyectos, fechas límite y responsables. Estas herramientas permiten a los líderes tener una visión general del avance y a los equipos mantenerse alineados.

Ejemplos de Herramientas:

- Monday.com: Excelente para visualizar y gestionar proyectos complejos. Su flexibilidad permite a los equipos adaptar los tableros a sus necesidades específicas, integrándose con herramientas como Slack o Google Drive.
- Trello: Basado en tableros de tareas, es ideal para gestionar proyectos sencillos o pequeños. También se puede integrar con Google Drive o Slack para mantener todo centralizado.
- Asana: Popular para la gestión de proyectos y tareas. Ofrece flujos de trabajo automáticos y la posibilidad de asignar tareas a miembros específicos, lo que mejora la claridad y el seguimiento de los objetivos.

4. Ofimática y Gestión de Documentos

Es fundamental elegir una plataforma de ofimática que permita crear, almacenar y colaborar en documentos de forma centralizada. Aquí, es importante evitar la mezcla de plataformas que no se integren bien, ya que esto puede generar duplicidad de archivos y problemas de acceso.

Ejemplos de Herramientas:
- Google Workspace: Un ecosistema completo que incluye Google Docs, Google Sheets, y Google Slides, todos colaborativos y con integración total a Google Drive.
- Microsoft 365: Ofrece Word, Excel, PowerPoint, con un enfoque fuerte en la colaboración a través de OneDrive y SharePoint.

5. Correos Electrónicos y Comunicación Formal

El correo electrónico sigue siendo fundamental para la comunicación formal, especialmente cuando se trata de enviar información importante o actualizaciones a los clientes. Elegir una plataforma de correo adecuada para el equipo asegura un buen manejo de la información.

Ejemplos de Herramientas:

• Gmail (Google Workspace): Ofrece no solo el correo electrónico, sino también integración completa con Google Drive y Google Meet.

• Outlook (Microsoft 365): Ideal para empresas que ya usan Microsoft 365, con integración de calendario y otras herramientas de la suite de Microsoft.

Paso 3: Crear el Plan de Comunicación

Con las herramientas seleccionadas, el siguiente paso es crear un plan estructurado que defina cómo y cuándo se utilizará cada una.

Este plan debe:

1. Definir los canales para la comunicación interna y externa. Por ejemplo:

• Interno: Slack para la mensajería diaria, Trello para la gestión de proyectos, y Google Meet para reuniones semanales.

• Externo: Gmail para el correo formal, Zoom para reuniones con clientes.

• Establecer protocolos claros de uso. Por ejemplo:

- Uso de Slack solo para mensajes cortos y rápidos.
- Uso de Trello para actualizaciones y avances de proyectos.
- Uso de Google Meet o Zoom para videoconferencias y reuniones más estructuradas.

2. Integrar las herramientas para asegurar un flujo de trabajo eficiente y evitar duplicidad de esfuerzos. Las plataformas deben conectarse para que la información fluya sin problemas. Ejemplo: Slack integrado con Google Drive y Trello para acceder a los archivos y tareas sin cambiar de plataforma.

Paso 4: Implementación y Seguimiento del Plan
Una vez que el plan esté diseñado, es importante:

1. Capacitar a los empleados en el uso de las herramientas seleccionadas y los protocolos de comunicación.
2. Implementar el plan gradualmente, monitoreando cómo se adapta el equipo y ajustando según sea necesario.

3. Medir la efectividad del plan mediante encuestas de retroalimentación y seguimiento del impacto en la productividad y la claridad de la comunicación.

Un plan de comunicación basado en herramientas bien seleccionadas e integradas asegura que los equipos trabajen de manera más eficiente, y que los clientes estén siempre bien informados. No se trata solo de tener muchas herramientas, sino de elegir las adecuadas y optimizar su uso para potenciar la productividad y la claridad en cada etapa del trabajo.

Capítulo 8: Casos de Éxito en Grandes Agencias Multinacionales

En el mundo del marketing, muchas veces el éxito se refleja en los resultados de las campañas y la capacidad de las agencias para adaptarse a un entorno en constante cambio.

Las grandes agencias multinacionales han demostrado una y otra vez que, a través de una combinación de talento, innovación y gestión estratégica, pueden generar campañas que no solo impactan en las ventas, sino que también transforman la percepción de marcas globales.

Este capítulo explora algunos de los casos de éxito más relevantes de grandes agencias de marketing multinacionales, destacando las lecciones clave que podemos aprender de ellos, desde el manejo de cuentas globales hasta la innovación en medios y estrategias.

El poder de la estrategia global

Uno de los principales diferenciadores de las grandes agencias multinacionales es su capacidad para ejecutar estrategias de marketing a escala global, mientras mantienen una profunda conexión con los mercados locales. Esta combinación de visión global y ejecución local es fundamental para marcas que buscan mantener su relevancia en diferentes culturas y contextos.

Un gran ejemplo de esto es la campaña "Real Beauty" de Dove, que fue desarrollada por la agencia Ogilvy & Mather. Esta campaña no solo redefinió la manera en que las mujeres veían la belleza, sino que también revolucionó la percepción de una marca que estaba luchando por conectar emocionalmente con su audiencia.

La estrategia se basó en algo fundamental: entender profundamente los valores y preocupaciones de las mujeres en todo el mundo, para luego desarrollar un mensaje coherente y relevante en todos los mercados.

Lección clave: La conexión emocional es tan importante como la relevancia cultural. Las grandes agencias saben cómo identificar un mensaje universal, pero también cómo adaptarlo a las sensibilidades locales, asegurando que la campaña resuene con las audiencias en diferentes regiones.

El uso innovador de la tecnología

Las agencias líderes no solo siguen las tendencias tecnológicas; las crean. La tecnología ha permitido a las agencias experimentar con nuevas formas de llegar a los consumidores, desde el uso de inteligencia artificial (IA) hasta la realidad aumentada (AR). Por ejemplo, R/GA, una agencia conocida por su enfoque en la tecnología y la innovación, creó la famosa campaña "Nike+ FuelBand", un dispositivo wearable que conectaba el ejercicio físico con una plataforma digital que permitía a los usuarios medir su rendimiento y competir con otros.

Lo innovador de esta campaña no fue solo la integración de la tecnología, sino cómo R/GA supo combinarla con una narrativa emocional: motivar a las personas a ser mejores y más activos. No solo estaban vendiendo un dispositivo, estaban construyendo una comunidad de usuarios que compartían una misma pasión por el deporte y la mejora personal.

Lección clave: La tecnología por sí sola no es suficiente para tener éxito en el marketing. Las agencias que lideran el sector son aquellas que logran integrar la tecnología con una historia poderosa y emocional, que involucra y motiva a los consumidores.

Creatividad sin límites

Una de las características que distingue a las grandes agencias es su capacidad para ofrecer soluciones creativas y disruptivas que desafían las convenciones. Wieden+Kennedy, por ejemplo, es conocida por sus campañas atrevidas y arriesgadas, como la famosa campaña "Just Do It" de Nike. A lo largo de los años, han transformado esta campaña en algo mucho más que un eslogan; lo han convertido en un movimiento global de motivación y superación.

Un ejemplo reciente de cómo Wieden+Kennedy continuó esta tradición es la campaña con Colin Kaepernick, el jugador de fútbol americano que protestó contra la injusticia racial arrodillándose durante el himno nacional. Nike, a través de Wieden+Kennedy, se alineó con el mensaje de Kaepernick, lo que generó controversia, pero también un enorme impacto global. Esta campaña no solo aumentó las ventas de Nike, sino que también posicionó a la marca como un referente de valores progresistas.

Lección clave: Las grandes agencias no tienen miedo de correr riesgos. Entienden que la creatividad radical y alinearse con los valores culturales pueden impulsar la relevancia de una marca, incluso en momentos de controversia.

Manejo de cuentas globales: El arte de la coordinación

Gestionar una campaña global requiere no solo una gran creatividad, sino también una excelente capacidad de organización. Las grandes agencias multinacionales son maestras en la coordinación de equipos dispersos en diferentes países, con culturas diversas y desafíos logísticos. Un ejemplo destacado es la agencia McCann Erickson, que gestionó la cuenta global de Coca-Cola durante décadas.

McCann diseñó y ejecutó la campaña "Open Happiness", que fue lanzada en más de 200 países. La clave del éxito de esta campaña fue la adaptación local. Aunque el mensaje principal era el mismo en todas partes ("Open Happiness"), cada mercado podía ajustar los visuales, el lenguaje y el tono para que resonara con su público local. Esta capacidad de adaptarse a los mercados locales, manteniendo una identidad global coherente, es una de las razones por las que Coca-Cola sigue siendo una de las marcas más reconocidas y valiosas del mundo.

Lección clave: La consistencia en el mensaje global es importante, pero la adaptación local es crucial para garantizar que el mensaje resuene con las audiencias en diferentes mercados. Las agencias multinacionales dominan el equilibrio entre ambos.

Lecciones de liderazgo en las agencias multinacionales

Los CEOs y líderes de las grandes agencias han sido fundamentales para el éxito de las campañas y el crecimiento de las mismas. Han establecido culturas organizacionales que fomentan la creatividad, la innovación y la colaboración global.

Un ejemplo notable es Martin Sorrell, fundador de WPP, uno de los conglomerados de publicidad más grandes del mundo. Sorrell revolucionó el modelo de agencia al fusionar múltiples agencias bajo un solo paraguas, permitiendo que estas mantuvieran su independencia creativa, pero compartieran recursos estratégicos. Este enfoque permitió a WPP competir a escala global mientras mantenía la agilidad de las agencias más pequeñas.

"En WPP, creemos en la independencia creativa con la fortaleza de la colaboración global", decía Sorrell, subrayando la importancia de unificar el talento mientras se respetan las culturas y estilos de trabajo individuales de cada agencia.

Otro líder clave es Sir John Hegarty, cofundador de BBH (Bartle Bogle Hegarty), quien fue pionero en la creación de campañas que pusieron al cliente en el centro, en lugar del producto. Hegarty es conocido por su enfoque en la simplicidad y su creencia de que "las grandes ideas cambian el mundo". Bajo su liderazgo, BBH creó campañas icónicas como la del "Hombre Marlboro" y "The Axe Effect", que revolucionaron el marketing para productos de consumo.

"La simplicidad vende", dice Hegarty.
Esta frase se ha convertido en un mantra en la publicidad, recordándonos que, en un mundo lleno de ruido, la simplicidad y la claridad son fundamentales para captar la atención de los consumidores.

Las grandes agencias multinacionales no solo han sido

exitosas por sus campañas creativas, sino por su capacidad para adaptarse a las tendencias globales y liderar con visión estratégica. A través de la innovación tecnológica, la creatividad arriesgada y una gestión impecable de cuentas globales, estas agencias han demostrado que pueden generar un impacto global mientras permanecen profundamente conectadas con las audiencias locales.

El aprendizaje de estos casos de éxito es claro: para tener éxito en el marketing a gran escala, las agencias deben ser adaptables, saber manejar la complejidad cultural, y estar siempre dispuestas a tomar riesgos creativos que alineen a las marcas con las tendencias sociales y tecnológicas.

Capítulo 9: Marketing Basado en Datos: La Revolución de la IA

El marketing ha entrado en una nueva era: la era del marketing basado en datos. En lugar de depender de la intuición o la experiencia personal, hoy en día las decisiones se toman basadas en datos concretos, patrones de comportamiento y análisis predictivos. Y en el centro de esta revolución está la inteligencia artificial (IA), que está transformando la manera en que las empresas analizan los datos, personalizan la experiencia del cliente y optimizan las estrategias de marketing.

La IA ha permitido que los profesionales del marketing tomen decisiones más rápidas y precisas, ofreciendo una personalización nunca antes vista. En este capítulo, exploraremos cómo las agencias y empresas están utilizando la IA para analizar grandes volúmenes de datos, mejorar las campañas de marketing y generar un impacto más profundo en sus clientes.

La evolución del marketing basado en datos

Antes de la llegada de la IA y el marketing digital, los datos se recopilaban manualmente y se basaban en estudios de mercado limitados. El análisis de datos, aunque valioso, era costoso y lento. Con la llegada de la big data y las herramientas digitales, el marketing comenzó a cambiar. Los profesionales del marketing comenzaron a tener acceso a volúmenes masivos de datos de clientes en tiempo real, lo que les permitió entender mejor el comportamiento del consumidor y ajustar las estrategias casi de inmediato.

Ahora, con la inteligencia artificial, este proceso ha sido llevado a otro nivel. La IA es capaz de analizar grandes volúmenes de datos a una velocidad que antes era imposible. A través del uso de machine learning y algoritmos predictivos, las agencias pueden prever patrones de comportamiento, anticipar las necesidades de los consumidores y tomar decisiones basadas en análisis en tiempo real.

El papel de la inteligencia artificial en la personalización

Uno de los aspectos más poderosos del uso de la IA en el marketing es la capacidad de ofrecer experiencias personalizadas. Ya no es suficiente con enviar un mensaje genérico a toda tu base de clientes; ahora, los consumidores esperan contenido personalizado que se ajuste a sus necesidades y preferencias individuales.

Un ejemplo claro de esto es el algoritmo de recomendación de Amazon, que utiliza inteligencia artificial para sugerir productos basados en el historial de compras y comportamiento de cada cliente. Este enfoque no solo mejora la experiencia del usuario, sino que también ha aumentado significativamente las ventas de la plataforma.

Otro caso notable es Netflix, cuyo sistema de recomendaciones personalizadas, también impulsado por IA, sugiere series y películas a cada usuario basándose en su comportamiento de visualización. Netflix estima que su sistema de recomendaciones ahorra más de mil millones de dólares anualmente al reducir la tasa de abandono de sus suscriptores.

> *Lección clave: Las empresas que utilizan IA para personalizar la experiencia del usuario logran una mayor lealtad del cliente y un aumento en las ventas, al entregar el contenido adecuado en el momento adecuado.*

Optimización de campañas de marketing con IA

Las agencias de marketing han comenzado a aprovechar la IA para optimizar sus campañas publicitarias. A través del análisis de datos en tiempo real, la IA puede identificar qué anuncios están funcionando mejor, qué segmentaciones de audiencia están respondiendo más favorablemente y qué tipo de mensajes generan un mayor engagement.

Google Ads, por ejemplo, ha integrado IA para ajustar automáticamente las pujas de anuncios y optimizar las campañas en función de los resultados. Su función de "Smart Bidding" utiliza aprendizaje automático para predecir qué clics o conversiones son más valiosas y ajusta las pujas en consecuencia, mejorando así el retorno sobre la inversión (ROI) de las campañas.

Otro ejemplo es la plataforma de Facebook Ads, que utiliza IA para ayudar a los anunciantes a optimizar el targeting de sus anuncios, identificando cuáles son los usuarios que tienen más probabilidades de interactuar o convertir en función de su comportamiento en la plataforma.

Lección clave: El uso de IA para la optimización automática de campañas no solo ahorra tiempo a los equipos de marketing, sino que también mejora significativamente los resultados, maximizando el presupuesto publicitario.

La IA y la segmentación predictiva

La segmentación ha sido durante mucho tiempo una herramienta fundamental en el marketing, permitiendo a las marcas dirigir sus esfuerzos hacia audiencias específicas. Sin embargo, con la IA, esta segmentación ha alcanzado un nuevo nivel de precisión. En lugar de agrupar a los clientes en segmentos predefinidos, la segmentación predictiva permite identificar patrones ocultos en los datos y crear nuevos segmentos de usuarios basados en su comportamiento futuro.

Por ejemplo, las plataformas de análisis predictivo pueden identificar a los usuarios que están a punto de abandonar un servicio o, por el contrario, a aquellos que están más inclinados a realizar una compra. Esto permite a las agencias de marketing intervenir en el momento justo con ofertas personalizadas o incentivos para mantener al cliente comprometido.

Empresas como Spotify también han comenzado a

utilizar IA para segmentar a sus usuarios de manera predictiva. Analizan el comportamiento de escucha, las interacciones con listas de reproducción y los géneros musicales más escuchados para anticipar qué tipo de contenido tiene más probabilidades de atraer a sus usuarios. Esto ha permitido a Spotify personalizar su oferta de contenido y mejorar la experiencia del usuario.

Lección clave: La segmentación predictiva permite a las marcas adelantarse a las necesidades de los consumidores y aumentar el engagement, proporcionando contenido y ofertas que respondan de manera precisa a las necesidades de los usuarios.

Automatización del marketing con IA

Otra de las grandes ventajas de la IA es su capacidad para automatizar tareas repetitivas y tediosas, liberando tiempo para que los equipos de marketing se concentren en estrategias más creativas y de alto valor. La IA puede encargarse de tareas como:

Email marketing automatizado: La IA puede

determinar el mejor momento para enviar correos electrónicos a cada cliente, personalizar el contenido y optimizar los envíos para mejorar las tasas de apertura y conversión.

Chatbots: Los chatbots impulsados por IA se han convertido en una herramienta valiosa para mejorar el servicio al cliente y generar leads. Marcas como Sephora han implementado chatbots que pueden responder preguntas frecuentes de los clientes, recomendar productos y hasta procesar pedidos, todo en tiempo real.

Creación de contenido: La IA también está comenzando a generar contenido automáticamente, como informes financieros, descripciones de productos o incluso artículos de noticias. Si bien los seres humanos todavía tienen un papel importante en la creación de contenido estratégico y creativo, la IA puede automatizar la producción de piezas más repetitivas.

Lección clave: La automatización del marketing mediante IA no solo ahorra tiempo, sino que también aumenta la eficiencia y permite una personalización en masa, algo que sería imposible lograr de manera manual.

Los desafíos éticos de la IA en el marketing

Si bien la IA está transformando el marketing para mejor, también plantea importantes desafíos éticos. Los consumidores son cada vez más conscientes de cómo se utilizan sus datos y de los peligros del uso indebido de la inteligencia artificial. La privacidad de los datos, la transparencia en los algoritmos y la toma de decisiones imparcial son algunas de las preocupaciones principales.

Empresas como Facebook y Google han enfrentado críticas por su manejo de datos y el uso de la IA para direccionar anuncios de manera que podría considerarse invasiva. Los reguladores en todo el mundo, especialmente en Europa con el Reglamento General de Protección de Datos (GDPR), están exigiendo más transparencia y control sobre cómo se recopilan y utilizan los datos de los consumidores.

Lección clave: Las empresas deben encontrar un equilibrio entre la personalización y el respeto por la privacidad del consumidor. La IA puede ser una herramienta poderosa, pero su uso debe ser transparente y ético para mantener la confianza de los usuarios.

El marketing basado en datos, potenciado por la IA, está redefiniendo la manera en que las marcas interactúan con los consumidores. Desde la personalización extrema hasta la optimización automatizada de campañas, las herramientas de inteligencia artificial han permitido a las empresas crear estrategias más eficientes y eficaces, basadas en datos precisos y predictivos.

Sin embargo, es importante recordar que, aunque la tecnología es una poderosa aliada, el marketing sigue siendo, en su núcleo, una disciplina centrada en las personas. Las marcas que logran equilibrar la tecnología con la empatía, el contenido relevante y la transparencia serán las que lideren el camino en esta nueva era del marketing impulsado por IA.

Capítulo 10: Estrategias Digitales Adaptadas al Cliente

El consumidor moderno está más informado y empoderado que nunca. Tiene acceso a una cantidad casi ilimitada de información y puede tomar decisiones de compra mucho más rápidamente que en el pasado. Esto plantea un gran reto para las agencias de marketing, que deben adaptar sus estrategias digitales no solo a las tendencias del mercado, sino también a las expectativas individuales de cada cliente.

La era del marketing masivo ha quedado atrás. Hoy en día, los consumidores buscan experiencias personalizadas, contenido relevante y marcas que comprendan sus necesidades. En este capítulo, exploraremos cómo las agencias pueden desarrollar estrategias digitales adaptadas al cliente, utilizando datos, tecnología y creatividad para crear conexiones más profundas y efectivas con su audiencia.

Conocer al cliente: El punto de partida de toda estrategia

Antes de diseñar cualquier estrategia digital, es fundamental conocer a tu cliente. Esto va más allá de datos demográficos básicos como edad, género o ubicación. Se trata de profundizar en los intereses, comportamientos y motivaciones de los consumidores. Herramientas como Google Analytics, Facebook Insights y plataformas de CRM permiten a las agencias obtener una comprensión detallada del comportamiento de los usuarios, desde cómo navegan por un sitio web hasta qué tipos de contenidos consumen más.

Lección clave: Sin un conocimiento profundo de los clientes, cualquier estrategia estará destinada al fracaso. La personalización comienza con la recolección de datos relevantes que permitan entender cómo, cuándo y dónde los consumidores interactúan con las marcas.

Buyer personas: Crear perfiles detallados de los clientes

Una de las herramientas más efectivas para adaptar las estrategias digitales al cliente es la creación de buyer personas. Estas representaciones semi-ficticias del cliente ideal ayudan a los equipos de marketing a comprender mejor las motivaciones, desafíos y deseos de su audiencia.

Por ejemplo, una agencia que trabaja con una marca de moda puede identificar diferentes personas como:

- "Sofía, la profesional urbana": Tiene 28 años, trabaja en una empresa de tecnología y está interesada en ropa de oficina cómoda pero estilizada. Compra en línea y valora las recomendaciones de influencers en Instagram.

- "Carlos, el viajero aventurero": Tiene 35 años, le encanta explorar nuevos destinos y busca ropa versátil y duradera para sus aventuras. Suele leer reseñas de productos antes de comprar y sigue a marcas ecológicas.

Estas personas permiten a los equipos de marketing diseñar mensajes específicos para cada segmento, seleccionando los canales de comunicación adecuados para maximizar el impacto.

Lección clave: Crear buyer personas detalladas permite personalizar el marketing digital y asegurar que cada mensaje resuene con el público correcto, optimizando los resultados de las campañas.

Personalización de contenido: El secreto para captar la atención

Los consumidores no solo quieren contenido; quieren contenido que sea relevante y esté personalizado para ellos. La personalización de contenido es una estrategia clave en el marketing digital moderno. Las marcas que logran personalizar su contenido aumentan significativamente su engagement y conversiones.

Un ejemplo es Spotify, que utiliza datos de comportamiento para personalizar listas de reproducción para sus usuarios, lo que ha sido un gran éxito con la función de "Descubrimiento Semanal". Esta experiencia personalizada no solo retiene a los usuarios, sino que también fomenta la lealtad a la plataforma.

Amazon es otro excelente ejemplo. Su sistema de recomendaciones personalizadas basado en el historial de compras ha sido clave para aumentar las ventas. Utilizan IA y machine learning para recomendar productos en función de las compras anteriores y el comportamiento de navegación.

Lección clave: El contenido personalizado genera mayor engagement y fortalece la relación entre la marca y el cliente. Adaptar el contenido a las preferencias y comportamientos específicos de los usuarios es esencial para mantener su atención.

Estrategias de omnicanalidad: Crear una experiencia fluida

El cliente moderno espera una experiencia fluida y consistente en todos los puntos de contacto con una marca. Esto incluye no solo el sitio web, sino también las redes sociales, correos electrónicos, aplicaciones móviles y, en algunos casos, incluso tiendas físicas. El marketing omnicanal se basa en ofrecer una experiencia unificada que acompañe al cliente a lo largo de todo su recorrido, sin importar el canal que utilicen.

Un ejemplo destacado de marketing omnicanal es Starbucks, que ha creado una experiencia perfecta entre su aplicación móvil y sus tiendas físicas. Los clientes pueden recargar su tarjeta Starbucks en línea, hacer un pedido a través de la app y luego recogerlo en la tienda sin interrupciones. Además, los puntos de fidelidad se acumulan y se utilizan tanto en las compras en línea como en las tiendas físicas.

Este tipo de estrategia no solo mejora la experiencia del cliente, sino que también aumenta la lealtad y retención. Al ofrecer una experiencia coherente en todos los canales, las marcas pueden mantenerse presentes en la vida diaria de los consumidores.

Lección clave: Las estrategias de marketing omnicanal crean una experiencia coherente para los clientes, lo que mejora la satisfacción y aumenta la lealtad. Las marcas deben asegurarse de que su mensaje y experiencia sean consistentes en todos los canales.

El poder del remarketing: Recuperando clientes potenciales

Una de las estrategias más efectivas en el marketing digital es el remarketing, que consiste en volver a captar la atención de los usuarios que visitaron tu sitio web pero no realizaron una conversión. Estos usuarios ya han demostrado interés en la marca o en el producto, por lo que las probabilidades de convertirlos en clientes son más altas que con nuevos usuarios.

Plataformas como Google Ads y Facebook Ads permiten a las agencias realizar campañas de remarketing segmentadas, mostrando anuncios a usuarios que visitaron páginas de productos o abandonaron un carrito de compra.

El remarketing es una estrategia poderosa porque recuerda a los usuarios su interés previo y les da una segunda oportunidad de actuar.

Un caso de éxito es el de Booking.com, que utiliza el remarketing de manera muy efectiva. Si un usuario busca hoteles en un destino pero no completa la reserva, verá anuncios personalizados que le recordarán las opciones de hoteles en ese destino.

Esta táctica ha ayudado a Booking.com a maximizar sus conversiones y mantener el interés del usuario.

Lección clave: El remarketing es una estrategia crucial para reconectar con usuarios interesados y aumentar las tasas de conversión. Al recordarles su interés inicial, las marcas pueden recuperar clientes potenciales que de otro modo se habrían perdido.

Medición y optimización continua: El ciclo de mejora constante

Una estrategia digital adaptada al cliente no está completa sin una medición constante de los resultados y la optimización continua. Las campañas deben ser monitoreadas en tiempo real y ajustadas en función de los datos. Los KPIs como el CTR (tasa de clics), la tasa de conversión, el costo por adquisición y el tiempo en el sitio web deben ser analizados para determinar qué aspectos de la campaña están funcionando y cuáles necesitan ajustes.

Herramientas como Google Analytics, Hotjar y HubSpot permiten a las agencias realizar un seguimiento detallado del comportamiento de los usuarios y ajustar sus estrategias en función de los resultados. La prueba A/B es también una técnica valiosa para probar variaciones en el contenido y ver cuál genera mejores resultados.

Lección clave: Ninguna estrategia es perfecta desde el principio. La optimización continua basada en datos es fundamental para maximizar el rendimiento de las campañas y garantizar que las estrategias sigan siendo efectivas en un entorno dinámico.

Conclusión

Las estrategias digitales adaptadas al cliente son la clave del éxito en el marketing moderno. Las marcas deben ser capaces de conocer profundamente a sus clientes, personalizar su contenido, y crear experiencias omnicanal que acompañen al cliente en todo su recorrido. El remarketing y la medición continua también son esenciales para mejorar el rendimiento de las campañas y maximizar los resultados.

En un entorno digital en constante evolución, las agencias que logren adaptar sus estrategias de manera efectiva y ágil tendrán una ventaja competitiva, ofreciendo a sus clientes un marketing más relevante, personalizado y exitoso.

Capítulo 11: El Poder de la Creatividad en el Marketing

La creatividad es, sin duda, uno de los pilares fundamentales del marketing moderno. Las campañas más exitosas a menudo no son las que tienen el mayor presupuesto, sino aquellas que logran capturar la atención del público a través de una idea original y una ejecución innovadora. Sin embargo, en el mundo de las agencias, donde el objetivo final es vender y conectar con el consumidor, hay un delicado equilibrio entre la creatividad artística y los resultados comerciales.

En este capítulo, exploraremos cómo la creatividad impulsa el éxito en las campañas de marketing, cómo se puede aprovechar para generar ventas y presencia en la mente del consumidor, y cómo los líderes pueden manejar equipos creativos que a menudo tienden a priorizar la expresión artística por encima de las necesidades comerciales. Acompañaremos esto con consejos prácticos para dirigir equipos de diseño, estrategia y creación de contenidos, asegurando que las decisiones creativas también estén alineadas con los objetivos comerciales del cliente.

Creatividad para vender, no solo para crear

El error más común que algunos equipos creativos cometen es pensar que el éxito de una campaña depende únicamente de la belleza o el impacto visual de una pieza.

Sin embargo, en marketing, la creatividad debe servir para cumplir un propósito comercial: vender. Las campañas más exitosas no son las que solo deslumbran artísticamente, sino las que se alinean con el mensaje de la marca, las que crean una conexión emocional.

Un caso de éxito en el uso efectivo de la creatividad es la campaña "Share a Coke" de Coca-Cola, donde la marca imprimió nombres populares en sus botellas. Esta sencilla pero poderosa idea no solo fue creativa, sino que también impulsó las ventas y generó un engagement masivo en redes sociales. La campaña apeló a la personalización, uniendo la creatividad con una estrategia comercial clara: aumentar el consumo a través de una conexión emocional directa.

Lección clave: La creatividad debe estar siempre alineada con los objetivos comerciales. Las mejores campañas no son solo visualmente atractivas; son aquellas que logran resultados comerciales medibles.

Liderar equipos creativos: El desafío de balancear arte y estrategia

Liderar un equipo creativo en una agencia de marketing puede ser un desafío complejo. A menudo, estos equipos están formados por personas altamente talentosas que ven el mundo a través de un lente artístico, lo cual es esencial para generar ideas disruptivas y creativas. Sin embargo, en un entorno comercial, es fundamental que el equipo comprenda que la creatividad debe estar orientada hacia un objetivo mayor: el cliente, las ventas y el impacto en el mercado.

Una de las mayores dificultades al liderar equipos creativos es hacer que comprendan que, aunque la expresión artística es valiosa, el cliente también tiene voz en el proceso. Esto no significa comprometer la creatividad, sino más bien utilizarla para alcanzar los objetivos comerciales del cliente. Como líder, tu tarea es encontrar ese equilibrio y comunicarlo claramente al equipo.

Consejos para liderar equipos creativos y balancear arte y negocio:

1. Comunicar los objetivos comerciales desde el principio: Desde la primera reunión, es importante que los creativos entiendan el propósito detrás del proyecto. ¿Cuál es el objetivo? ¿Aumentar las ventas? ¿Posicionar la marca? ¿Lanzar un nuevo producto? Cuando los creativos comprenden los objetivos, es más fácil para ellos enfocar su creatividad hacia un propósito estratégico.

2. Crear un entorno colaborativo, no competitivo: Los equipos de diseño, contenido y estrategia deben trabajar en colaboración, no de forma aislada. Fomenta reuniones periódicas donde los creativos, estrategas y ejecutivos de cuentas compartan ideas y feedback. Esto asegura que todos estén alineados y que la creatividad esté al servicio de los objetivos generales del proyecto.

3. Educar sobre la importancia de los resultados: A veces, los equipos creativos se resisten a cambiar sus ideas cuando se les presentan resultados de mercado o datos que sugieren modificaciones. Como líder, es fundamental educarlos sobre la importancia de los resultados medibles.

4. Involucrar a los creativos en la retroalimentación del cliente: Cuando sea posible, incluye a los creativos en las reuniones con los clientes o en la revisión de los informes de retroalimentación. Esto les ayudará a ver que no se trata solo de "vender", sino de construir relaciones con el cliente y mejorar continuamente las campañas basándose en resultados y feedback.

El arte de convertir ideas en resultados comerciales

Uno de los grandes retos de los equipos creativos es convertir una idea innovadora en una campaña efectiva que genere resultados tangibles. Para ello, es esencial que la creatividad no solo se quede en el diseño o la narrativa, sino que esté profundamente conectada con la estrategia de marketing. El equipo de estrategia y de datos puede ser el mejor aliado de los creativos, proporcionando información valiosa sobre el mercado, el comportamiento del consumidor y las tendencias emergentes.

Un ejemplo claro de esto es la campaña "Fearless Girl" de State Street Global Advisors. Esta campaña, donde colocaron la estatua de una niña frente al famoso toro de Wall Street, fue una obra de arte en sí misma, pero estaba profundamente alineada con el mensaje de empoderar a las mujeres en el mundo financiero. La combinación de creatividad artística con una estrategia comercial clara generó un impacto masivo en la percepción pública y llevó a State Street a destacarse como un defensor del empoderamiento femenino.

Lección clave: Las grandes ideas necesitan un anclaje estratégico para ser exitosas comercialmente. Las mejores campañas combinan creatividad y estrategia, para que el arte se convierta en ventas y resultados tangibles.

Gestionar la diversidad creativa: Equipos de diseño, estrategia y contenido

Los equipos creativos suelen estar compuestos por profesionales con habilidades y perspectivas muy diversas: diseñadores gráficos, redactores, estrategas de contenido, y directores creativos. Todos estos roles son fundamentales, pero también pueden tener diferentes maneras de abordar un proyecto. Liderar estos equipos implica ser capaz de gestionar personalidades creativas diversas, canalizando su talento hacia un objetivo común.

A continuación, algunos enfoques para liderar con éxito estos equipos diversos:

1. **Comprender las diferencias de cada rol:** Un diseñador puede estar más centrado en la estética visual, mientras que un estratega de contenido estará más enfocado en cómo transmitir un mensaje claro. Es fundamental respetar estas diferencias y canalizar sus perspectivas hacia la creación de una solución integral.

2. Fomentar el respeto mutuo: Asegúrate de que todos los miembros del equipo valoren el trabajo de los demás. Cada rol tiene un valor único, y todos son necesarios para el éxito de una campaña. Fomenta una cultura donde el feedback sea respetuoso y constructivo.

3. Definir los límites y las expectativas: Como líder, tu rol es guiar el proyecto hacia un objetivo claro. Establece las expectativas desde el principio, tanto en términos de plazos como de calidad del trabajo. Al definir los límites y expectativas, los creativos sabrán hasta dónde pueden explorar sin perder de vista el objetivo comercial.

4. Celebrar el éxito en conjunto: El éxito de una campaña es el resultado del trabajo en equipo. Celebra tanto los hitos creativos como los resultados comerciales, y asegúrate de que cada miembro del equipo se sienta valorado por su contribución.

El arte de vender sin perder creatividad

Finalmente, es importante recordar que el marketing no es solo una batalla entre la creatividad y las ventas. Las marcas más icónicas del mundo han demostrado que se puede vender sin perder la creatividad. Las campañas que realmente resuenan con los consumidores son aquellas que, además de vender, cuentan una historia poderosa que genera una conexión emocional.

Un ejemplo de esto es la campaña "Like a Girl" de Always, que desafió las percepciones negativas sobre lo que significa hacer algo "como una niña". La campaña fue innovadora, creativa y emocionalmente impactante, y al mismo tiempo cumplió con los objetivos de Always de reposicionar su marca como una defensora del empoderamiento femenino.

Lección clave: La creatividad puede y debe coexistir con los objetivos comerciales. Las marcas que logran conectar con sus consumidores a nivel emocional, mientras venden, son las que triunfan en el largo plazo.

La creatividad es un elemento esencial del marketing, pero debe estar siempre al servicio de los objetivos comerciales. Liderar equipos creativos implica equilibrar la expresión artística con las necesidades del cliente, asegurando que cada campaña no solo sea visualmente atractiva, sino que también genere resultados comerciales tangibles. Para lograrlo, es necesario comunicar claramente los objetivos, fomentar la colaboración entre los diferentes roles creativos, y educar al equipo sobre la importancia de los datos y resultados medibles.

En StudioVainilla, hemos aprendido que las mejores campañas nacen cuando se logra ese equilibrio perfecto entre arte y negocio, y cuando todos los miembros del equipo, desde el diseñador hasta el estratega, trabajan hacia un objetivo común: crear, conectar y vender.

Capítulo 12: Gestión Financiera en Agencias de Marketing

La gestión financiera en una agencia de marketing no solo es esencial para mantener la rentabilidad, sino que también define la capacidad de la agencia para crecer y adaptarse en un entorno cada vez más competitivo. Desde la planificación presupuestaria, la optimización de recursos, hasta la gestión del flujo de caja, una sólida administración financiera puede marcar la diferencia entre el éxito a largo plazo y el fracaso. En este capítulo, abordaremos los principios clave de la gestión financiera que toda agencia debe dominar, y cómo estructurar una base financiera sólida que permita la estabilidad y el crecimiento.

Planificación presupuestaria: El cimiento del éxito financiero

El primer paso para una gestión financiera efectiva es la creación de un presupuesto realista, bien estructurado y flexible, que sirva como hoja de ruta financiera para la agencia. El presupuesto no solo debe contemplar los gastos operativos, sino también las inversiones estratégicas en crecimiento, el desarrollo de nuevos servicios y la expansión de la cartera de clientes.

Consejos clave para la planificación presupuestaria:

1. Asignación estratégica de recursos: Asegúrate de que el presupuesto cubra todas las áreas clave de la agencia. Por ejemplo, el área creativa puede requerir inversión en software y formación, mientras que el área de ventas necesitará recursos para campañas de captación y prospección. Un error común en muchas agencias es no dar suficiente peso a los recursos destinados al crecimiento del equipo o las herramientas tecnológicas necesarias para mantenerse competitivos.

2. Proyecciones financieras realistas: Al construir un presupuesto, es importante basarse en datos reales, como los ingresos de proyectos anteriores y el comportamiento de los clientes. Además, al calcular los ingresos proyectados, se debe tener en cuenta la estacionalidad del negocio y posibles retrasos en pagos de clientes.

3. Reserva para contingencias: Es esencial tener un colchón financiero para enfrentar cualquier imprevisto, como la pérdida de un cliente clave o retrasos en los pagos. La regla común es reservar entre el 5% y el 10% del presupuesto anual para emergencias.

4. Revisiones periódicas: El presupuesto no debe ser un documento estático. Revisarlo trimestralmente permite hacer ajustes en función de la situación actual de la agencia. De esta forma, se pueden identificar áreas donde se están gastando más recursos de lo planeado o donde es posible recortar sin comprometer la calidad.

Controlar los márgenes de beneficio: Maximizar la rentabilidad

No todas las campañas tienen el mismo margen de beneficio. Como agencia, es fundamental que cada proyecto esté bien calculado y que se tenga una idea clara de cuánto esfuerzo y recursos demandará cada cliente. Muchas agencias caen en la trampa de sobreestimar el margen de ganancia y terminan invirtiendo más tiempo o recursos del previsto.

Cómo mejorar los márgenes de beneficio:

1. Evaluar el costo por hora del equipo: Uno de los errores más comunes es subestimar el costo de las horas trabajadas. Al calcular el precio de un proyecto, debes considerar no solo las horas dedicadas directamente al cliente, sino también las horas administrativas y de seguimiento.

2. Optimización de procesos internos: Al implementar herramientas de gestión de proyectos, como Monday.com o Asana, puedes reducir el tiempo dedicado a tareas repetitivas y mejorar la eficiencia del equipo, lo que se traduce en una mejor rentabilidad.

3. Negociar contratos más favorables: Si es posible, opta por contratos que incluyan un retainer mensual

en lugar de cobrar por proyecto. Los contratos de retainer brindan un flujo de ingresos más constante y reducen el riesgo financiero, ya que permiten una planificación más estable.

Gestión del flujo de caja: Mantener la estabilidad operativa

El flujo de caja es el pulso financiero de una agencia. Sin un flujo de caja saludable, la agencia podría enfrentar dificultades para cubrir los gastos básicos, como los salarios, el alquiler y las facturas de proveedores. Uno de los mayores desafíos para las agencias de marketing es la demora en los pagos de los clientes, lo que puede desestabilizar rápidamente el flujo de caja.

Estrategias para mejorar el flujo de caja:

1. Facturación anticipada: Implementar una política de facturación anticipada para proyectos grandes o continuos. Esto no solo ayuda a mantener el flujo de caja estable, sino que también garantiza que el cliente esté comprometido con el proyecto.

2. **Descuentos por pago anticipado:** Ofrecer descuentos a los clientes que paguen por adelantado o dentro de un plazo reducido puede incentivar los pagos rápidos y mejorar el flujo de caja. Aunque esto reduzca ligeramente el ingreso, garantiza liquidez.

3. **Gestión de pagos a proveedores:** Negociar mejores términos de pago con proveedores, extendiendo los plazos o buscando acuerdos a largo plazo que ofrezcan condiciones más favorables.

4. **Financiación externa:** En caso de ser necesario, tener acceso a líneas de crédito o financiación externa puede ayudar a cubrir brechas temporales en el flujo de caja sin comprometer el crecimiento de la agencia.

***Lección clave:** Un flujo de caja saludable es fundamental para garantizar la estabilidad operativa de la agencia. La previsión y la buena gestión financiera son esenciales para evitar sorpresas desagradables.*

Capítulo 13: El Futuro del Marketing: Tendencias Emergentes

El marketing está en constante evolución, y las tendencias emergentes están remodelando el panorama de las agencias de marketing y la manera en que las marcas se comunican con los consumidores. Desde la creciente importancia de la sostenibilidad y la responsabilidad social, hasta el uso de tecnologías avanzadas como la inteligencia artificial (IA) y la realidad aumentada (AR), las agencias deben adaptarse para mantenerse competitivas y relevantes.

En este capítulo, analizaremos algunas de las tendencias clave que están marcando el rumbo del marketing y cómo tu agencia puede aprovecharlas para liderar en un entorno en constante cambio.

Marketing basado en valores: Sostenibilidad y responsabilidad social

Los consumidores modernos, en particular las generaciones más jóvenes como los millennials y la generación Z, no solo buscan productos y servicios de calidad; también quieren apoyar marcas que reflejen sus valores. Esto ha llevado a un auge en el marketing basado en valores, donde las marcas no solo venden productos, sino que también promueven causas sociales, ambientales y culturales.

Ejemplo destacado: Patagonia, la marca de ropa outdoor, ha integrado la sostenibilidad y la responsabilidad social en el corazón de su negocio. No solo crea productos respetuosos con el medio ambiente, sino que también toma posiciones firmes en campañas que abogan por la protección del planeta. Esta estrategia ha generado una lealtad inquebrantable entre sus clientes.

Lección clave: Las marcas que adoptan causas sociales y ambientales de manera auténtica generan conexiones más profundas y emocionales con sus consumidores. Las agencias deben asesorar a sus clientes para que integren estos valores en sus campañas de manera genuina y coherente.

La inteligencia artificial en el marketing

La IA está transformando el marketing al permitir que las marcas analicen grandes volúmenes de datos, prevean comportamientos de los consumidores y personalicen sus estrategias en tiempo real. Las agencias que implementen

IA en sus procesos tendrán una ventaja competitiva al ser capaces de optimizar campañas y mejorar la experiencia del cliente de manera más eficiente.

Aplicaciones clave de la IA en el marketing:

1. Chatbots: Marcas como H&M y Sephora ya utilizan chatbots impulsados por IA para mejorar la atención al cliente. Estos bots pueden manejar preguntas frecuentes, recomendaciones de productos y solucionar problemas, todo en tiempo real, lo que mejora la experiencia del cliente sin sobrecargar al equipo de atención.

2. Análisis predictivo: La IA puede predecir el comportamiento de los consumidores, lo que permite a las marcas personalizar sus mensajes y mejorar el rendimiento de las campañas. Por ejemplo, plataformas como Google Ads ya utilizan IA para ajustar automáticamente las pujas en función de la probabilidad de conversión de cada usuario.

3. **Creación de contenido automatizado:** Aunque la creatividad humana sigue siendo insustituible, la IA también está siendo utilizada para generar contenido automatizado, como descripciones de productos o informes básicos. Plataformas como Persado utilizan IA para generar titulares y copywriting optimizados para maximizar el impacto.

Lección clave: Las agencias que adopten herramientas de IA no solo mejorarán la eficiencia, sino que también podrán ofrecer soluciones más personalizadas y efectivas para sus clientes.

Realidad aumentada y experiencias inmersivas

La realidad aumentada (AR) y la realidad virtual (VR) están comenzando a cambiar la forma en que los consumidores interactúan con las marcas. A través de experiencias inmersivas, las marcas pueden conectar de manera más profunda con los consumidores, permitiéndoles interactuar con los productos y servicios de una forma completamente nueva.

Ejemplo destacado: IKEA lanzó una aplicación de realidad aumentada que permite a los usuarios ver cómo se verían los muebles en su hogar antes de comprarlos. Esto no solo mejora la experiencia del usuario, sino que también reduce las tasas de devolución y aumenta la satisfacción del cliente. Al permitir que los consumidores visualicen cómo un producto encajaría en su vida cotidiana, IKEA está utilizando la realidad aumentada para aumentar las conversiones y mejorar la relación con el cliente.

Otras aplicaciones de la realidad aumentada y virtual:

1. Experiencias inmersivas en retail: Marcas como Sephora han desarrollado aplicaciones de AR que permiten a los usuarios "probarse" productos de maquillaje de manera virtual. Esto no solo enriquece la experiencia de compra, sino que también crea un engagement más profundo, lo que aumenta las probabilidades de conversión.

2. Eventos virtuales: Las ferias comerciales y los lanzamientos de productos ahora pueden realizarse de manera virtual, permitiendo a las marcas llegar a

audiencias globales sin las restricciones de los eventos físicos. La pandemia de COVID-19 aceleró esta tendencia, y las marcas que invierten en experiencias virtuales están aprovechando una nueva forma de conectar con su audiencia.

Lección clave: La realidad aumentada y las experiencias inmersivas no son solo herramientas futuristas; son formas efectivas de conectar emocionalmente con los consumidores y ofrecerles experiencias memorables que fomenten la lealtad y aumenten las conversiones.

Marketing conversacional: La evolución de la interacción con los consumidores

El marketing conversacional, impulsado por la IA y los chatbots, está cambiando la forma en que las marcas interactúan con los consumidores. A través de las conversaciones en tiempo real, las marcas pueden resolver problemas, hacer recomendaciones personalizadas y ofrecer asistencia de una manera que se siente más humana y directa.

Plataformas como Facebook Messenger o WhatsApp Business permiten a las marcas interactuar con sus clientes de manera personalizada, resolviendo preguntas en tiempo real y guiándolos a través de todo el proceso de compra.

Ejemplo destacado: Domino's Pizza ha implementado chatbots en múltiples plataformas de mensajería, permitiendo a los usuarios realizar pedidos de pizza directamente desde sus chats. Al simplificar el proceso de compra, Domino's ha logrado aumentar sus ventas y mejorar la satisfacción del cliente.

Conclusión: Adaptarse o quedarse atrás

El marketing está evolucionando rápidamente, y las agencias que no se adapten a estas tendencias emergentes corren el riesgo de quedarse atrás. Integrar la IA, la realidad aumentada, el marketing basado en valores y las experiencias inmersivas en las campañas de marketing permitirá a las agencias mantenerse relevantes, ofrecer más valor a sus clientes y liderar la transformación de la industria.

Capítulo 14: Cómo Posicionar tu Agencia como Líder de la Industria

Posicionar una agencia de marketing como líder en la industria requiere mucho más que talento creativo y campañas exitosas. Se trata de crear una marca sólida, ser un referente en la innovación, y construir una reputación que resuene tanto en el sector como entre los clientes. El liderazgo no se obtiene de la noche a la mañana; es el resultado de acciones consistentes, relaciones estratégicas, y una visión a largo plazo. En este capítulo, no solo exploraremos las estrategias necesarias para destacar en el competitivo mundo de las agencias, sino que también hablaremos de la experiencia de StudioVainilla, y cómo ha logrado construir una reputación a través de años de trabajo estratégico.

Construir la marca de tu agencia: Identidad clara y propósito definido

El primer paso para posicionar a tu agencia como líder es construir una marca sólida con una identidad clara y un propósito bien definido. Esto significa que tu agencia debe tener un mensaje coherente en todos los aspectos de su comunicación, desde su misión y visión, hasta la propuesta de valor que la diferencia de otras agencias. La marca de una agencia de marketing debe estar tan bien definida como las marcas que promueve para sus clientes.

En StudioVainilla, por ejemplo, desde el principio nos enfocamos en redefinir nuestra identidad a medida que el mercado y las necesidades de nuestros clientes evolucionaban. Empezamos como Vainilla Productions, enfocados en producción audiovisual, pero cuando el boom de las redes sociales comenzó a cambiar el panorama del marketing, nos dimos cuenta de que debíamos evolucionar y reposicionar nuestra agencia. Cambiamos a StudioVainilla, un nombre que reflejaba una nueva visión más integrada, que incluía tanto el mundo creativo como el digital. Esta evolución nos permitió mantenernos competitivos y al día con las necesidades cambiantes de nuestros clientes.

Lecciones clave:

- Evolución constante: Una marca sólida no se queda

estática. Como agencia, es fundamental saber cuándo es necesario reinventarse o evolucionar para adaptarse a nuevas tendencias del mercado.

- Diferenciación: En un mercado saturado, la clave es destacar. Identifica lo que hace única a tu agencia y cómo puedes ofrecer un valor que los competidores no pueden replicar. En el caso de StudioVainilla, el equilibrio entre creatividad audaz y tecnología de vanguardia fue nuestro diferenciador.

Casos de éxito como carta de presentación

Uno de los activos más valiosos para posicionar una agencia como líder en la industria son los casos de éxito. Estos no solo muestran los resultados obtenidos para los clientes, sino que también son una oportunidad para demostrar innovación, eficiencia y capacidad de ejecución. Un estudio de caso bien elaborado puede ser una herramienta poderosa para atraer a nuevos clientes, ya que muestra cómo la agencia resuelve problemas complejos y cumple con los objetivos de negocio.

En StudioVainilla, trabajamos con diversas marcas

importantes, y uno de nuestros casos de éxito fue la colaboración con una empresa tecnológica global para el lanzamiento de una plataforma digital. El reto era integrar una estrategia de creación de contenido que impulsara la adopción de la plataforma y mantuviera a los usuarios comprometidos. Utilizamos una combinación de campañas en redes sociales, contenido en video y marketing automatizado para conectar con el público objetivo, lo que resultó en un aumento del 30% en la retención de usuarios y un impacto positivo en la adopción de la plataforma.

Cómo estructurar un caso de éxito efectivo:

1. Contextualización: Explica el problema o desafío que enfrentaba el cliente. ¿Qué les impedía crecer o qué obstáculos encontraban en su camino?

2. Solución: Muestra cómo tu agencia ideó una solución creativa y estratégica para superar ese desafío. Esto es donde puedes destacar las tácticas innovadoras utilizadas, ya sea automatización, optimización de SEO, o campañas publicitarias.

3. **Resultados medibles:** Lo más importante es demostrar que la estrategia fue efectiva. Aporta cifras claras que demuestren cómo la solución impactó en el crecimiento y los resultados del cliente (mayor ROI, incremento en ventas, mayor engagement, etc.)

Fortalecer la presencia digital y el liderazgo de pensamiento

Para posicionar tu agencia como líder en la industria, no basta con hacer un buen trabajo en la ejecución de campañas; también debes tener una fuerte presencia en el mundo digital y ser un líder de pensamiento en tu área. Esto implica compartir tus conocimientos y experiencia en plataformas relevantes, como blogs, redes sociales, webinars, y conferencias. Al hacerlo, te posicionas no solo como una agencia que entrega resultados, sino también como un referente del marketing moderno.

En StudioVainilla, hemos encontrado que una de las maneras más efectivas de destacar es a través de contenidos educativos. Compartir guías prácticas sobre tendencias de marketing, insights sobre nuevas plataformas y análisis de campañas exitosas no solo refuerza nuestra reputación, sino que también atrae a nuevos clientes interesados en aprender de nuestra experiencia. El hecho de ser vistos como expertos nos ha abierto la puerta a nuevos mercados y nos ha permitido diferenciarnos de competidores.

Estrategias para fortalecer la presencia digital:

1. Publicación constante de contenido: Mantén un blog activo donde compartas artículos sobre tendencias emergentes, casos de éxito y reflexiones sobre la industria. El objetivo es posicionar a tu agencia como un recurso valioso para otros profesionales y empresas.

2. Redes sociales: Usa LinkedIn para compartir estudios de caso, publicaciones de blog y actualizaciones de la agencia. Es la plataforma perfecta para atraer la atención de empresas que buscan servicios de marketing. También puedes aprovechar Instagram y Facebook para mostrar el lado más creativo de tu agencia.

3. **Eventos y webinars:** Organizar o participar en webinars, conferencias o charlas del sector te permitirá compartir tu conocimiento con una audiencia más amplia. Además, participar en eventos aumenta la visibilidad de tu agencia entre los profesionales de la industria.

Networking y relaciones estratégicas

Otro aspecto fundamental para el posicionamiento es construir una red sólida de contactos y relaciones estratégicas dentro de la industria. Asistir a eventos del sector, ya sean conferencias, talleres o ferias comerciales, es una excelente manera de mantenerse actualizado y ampliar la red de contactos.

Durante nuestra trayectoria en StudioVainilla, hemos aprendido que la colaboración con otras empresas es clave. Un ejemplo claro fue nuestra asociación con una firma de servicios web, que nos permitió integrar servicios tecnológicos a nuestros proyectos de marketing. Esta relación no solo nos permitió mejorar nuestras capacidades técnicas, sino que también amplió el alcance de los clientes que podíamos atender. Además, nos ha permitido diversificar nuestra oferta de servicios y crear un ecosistema más completo para nuestros clientes.

Claves para un networking efectivo:

- Participación activa en eventos: No se trata solo de asistir a conferencias; se trata de participar activamente, ya sea como ponente o asistiendo a mesas redondas. Esto eleva el perfil de tu agencia y crea oportunidades para formar alianzas estratégicas.

- Colaboraciones con otras agencias o proveedores: Identifica áreas de especialización que tu agencia podría complementar con otras empresas. Por ejemplo, si tu agencia se enfoca en el marketing digital, podrías colaborar con una agencia especializada en producción audiovisual o desarrollo web.

La importancia de los premios y reconocimientos

Uno de los aspectos más visibles de la posición de liderazgo de una agencia son los premios y reconocimientos obtenidos en el sector. Ser reconocidos por tu trabajo no solo valida la calidad de tus campañas, sino que también te pone en el radar de posibles clientes y socios. Los premios también son una oportunidad para destacar tu agencia frente a la competencia.

En StudioVainilla, hemos sido reconocidos en varias ocasiones por nuestras campañas creativas, especialmente en la integración de marketing digital con producción audiovisual. Estos reconocimientos han elevado nuestro perfil y nos han ayudado a abrir puertas para colaborar con marcas más grandes y proyectos más ambiciosos.

Cómo participar en concursos y premios:

1. Selecciona los proyectos más innovadores: Elige campañas que realmente hayan marcado una diferencia para tus clientes y que muestren tu capacidad de innovación y creatividad.

2. Reúne toda la documentación: Para participar en premios, necesitas tener todo bien documentado: desde los resultados medibles hasta el proceso creativo. Los jurados buscan no solo una campaña estéticamente impresionante, sino una que haya cumplido con los objetivos comerciales.

3. Promociona tus logros: Una vez que recibas un premio, asegúrate de promocionarlo en todas tus plataformas digitales, desde tu sitio web hasta tus redes sociales. También puedes incluir estos logros en tus propuestas comerciales y presentaciones para atraer nuevos clientes.

Posicionar tu agencia como líder en la industria es un proceso que requiere dedicación continua, una **visión clara y un enfoque estratégico a largo plazo. No se trata solo de producir campañas exitosas, sino de construir una reputación basada en la innovación, el liderazgo de pensamiento, y la capacidad para generar resultados comerciales reales para los clientes. A través de una marca sólida, casos de éxito bien elaborados, presencia digital estratégica, y relaciones dentro de la industria, tu agencia puede destacar en un mercado cada vez más competitivo.

StudioVainilla es un claro ejemplo de cómo, con una evolución constante, la capacidad de adaptarse a las nuevas tendencias y la habilidad para construir una red sólida de colaboraciones y contactos, una agencia puede pasar de ser un jugador más en la industria a un referente que las empresas buscan para impulsar su crecimiento y presencia en el mercado.

Recuerda que el liderazgo en la industria del marketing no se logra de la noche a la mañana. Requiere una combinación de creatividad, estrategia y, sobre todo, una profunda comprensión de cómo ofrecer valor a tus clientes y a la industria en general.

Desde construir una marca fuerte hasta mostrar tu experiencia a través de contenido educativo, eventos y asociaciones estratégicas, tu agencia debe estar en una búsqueda constante de mejora continua y crecimiento sostenible.

Lecciones finales para el liderazgo en la industria:

1. Nunca dejes de aprender y evolucionar: La industria del marketing cambia rápidamente. Mantente informado sobre las últimas tendencias, tecnologías y comportamientos del consumidor para asegurarte de que tu agencia siempre esté un paso adelante.
2. Apuesta por el talento y la innovación: El talento y la creatividad de tu equipo son tu mayor activo. Fomenta un entorno en el que la innovación y el aprendizaje continuo sean el centro de la cultura empresarial.
3. Desarrolla relaciones a largo plazo con tus clientes: Las relaciones con los clientes no deben limitarse a un solo proyecto. Trabaja en construir lazos sólidos y a largo plazo que generen confianza y lealtad, demostrando que tu agencia puede acompañarlos en su crecimiento continuo.
4. Mide el éxito no solo en creatividad, sino en resultados comerciales: Las grandes campañas no solo deben ser creativas, sino también generar

resultados medibles para los clientes. El equilibrio entre la innovación creativa y el cumplimiento de objetivos de negocio es lo que realmente posiciona a una agencia como líder.

5. Colabora y comparte tu conocimiento: Convertirte en un líder de la industria implica también compartir lo que sabes. Las colaboraciones, ya sea con otras agencias o a través de eventos del sector, son una forma excelente de demostrar tu autoridad en el marketing y generar más oportunidades.

Posicionar a tu agencia como líder en la industria es un desafío constante, pero con la combinación adecuada de estrategia de marca, relaciones de alto valor y la capacidad para innovar y ofrecer resultados sólidos, puedes asegurar un lugar destacado en el panorama del marketing. La inversión en la reputación de tu agencia, tanto a nivel digital como en el mundo real, será una de las decisiones más estratégicas que puedas tomar para asegurar su éxito a largo plazo.

En StudioVainilla, hemos aprendido que el crecimiento y el liderazgo requieren no solo dedicación y esfuerzo, sino también la habilidad para adaptarse a los cambios, aprovechar las oportunidades y seguir evolucionando. Mantén siempre la visión a largo plazo y no olvides que el liderazgo en la industria es el resultado de pequeñas acciones consistentes que, con el tiempo, consolidan tu posición en el mercado.

;
Capítulo 15: innovación Continua y Crecimiento

A lo largo de este libro hemos explorado los pilares fundamentales del marketing, la gestión de agencias, y la importancia de equilibrar la creatividad con los resultados comerciales. Pero, a medida que el marketing y el entorno empresarial siguen evolucionando, la clave para el éxito a largo plazo no solo radica en seguir las mejores prácticas de hoy, sino en la capacidad de una agencia para innovar continuamente y adaptarse al cambio. Este capítulo final se centra en la necesidad de mantener una mentalidad de crecimiento constante y en cómo las agencias pueden no solo sobrevivir, sino prosperar en un mercado siempre cambiante.

El marketing como un ecosistema en constante evolución

El mundo del marketing nunca ha sido estático, pero la velocidad con la que cambia en la actualidad es sin precedentes. Las tendencias tecnológicas, las preferencias del consumidor, y las plataformas de medios evolucionan constantemente, y las agencias que no estén dispuestas a adaptarse corren el riesgo de quedarse atrás.

Un ejemplo claro de esta evolución es el auge de la inteligencia artificial (IA) y la automatización, que está transformando la forma en que las agencias gestionan las campañas y recopilan datos sobre el comportamiento del consumidor. En StudioVainilla, por ejemplo, hemos integrado tecnologías de automatización para optimizar los procesos internos, mejorar la gestión de proyectos y personalizar la experiencia del cliente. Esto no solo nos ha permitido ser más eficientes, sino también ofrecer a nuestros clientes un servicio más ágil y preciso.

Lecciones de innovación continua:

1. Mentalidad de mejora constante: La innovación no siempre tiene que ser radical; muchas veces es la acumulación de pequeñas mejoras lo que impulsa el crecimiento a largo plazo. En StudioVainilla, implementamos ciclos de retroalimentación periódicos con nuestro equipo, lo que nos permite revisar nuestros procesos, ajustar nuestras estrategias y encontrar oportunidades para mejorar en cada proyecto.

2. Adoptar nuevas tecnologías: Mantenerse al día con las nuevas herramientas tecnológicas es esencial. La automatización, la analítica avanzada y la inteligencia artificial son solo algunas de las áreas en las que las agencias deben invertir para garantizar que puedan seguir siendo competitivas.

3. Experimentación sin miedo al fracaso: Innovar implica experimentar, y no todas las ideas van a funcionar a la perfección desde el principio. Aceptar que el fracaso forma parte del proceso es crucial para construir una cultura de innovación. En nuestra agencia, fomentamos que nuestro equipo pruebe nuevas tácticas y tecnologías, sabiendo que los errores no son el final, sino un paso hacia la mejora continua.

El crecimiento como un proceso sostenible

El crecimiento de una agencia debe ser sostenible, basado en relaciones sólidas con los clientes y en una gestión financiera prudente. Crecer demasiado rápido sin la infraestructura adecuada puede generar problemas, desde la falta de recursos humanos hasta la incapacidad para gestionar adecuadamente proyectos más grandes. Por otro lado, un crecimiento medido, basado en una sólida planificación financiera y en el desarrollo continuo de talento interno, es lo que permite a las agencias escalar sin comprometer su calidad o reputación.

Estrategias para el crecimiento sostenible:

1. Ampliar el equipo de manera estratégica: No se trata solo de contratar más personal, sino de asegurarse de que el equipo crezca de manera coherente con las necesidades de la agencia y sus clientes. En StudioVainilla, nos enfocamos en contratar personas que compartan nuestros valores y que puedan contribuir a nuestra cultura creativa y colaborativa.

2. Diversificar los servicios: La diversificación de servicios es clave para el crecimiento. Si bien es fundamental ser un experto en un nicho, ofrecer

servicios adicionales, como marketing de contenidos, gestión de redes sociales, o producción audiovisual, permite a las agencias ofrecer un paquete completo y generar nuevas fuentes de ingresos.

3. **Mantener relaciones de largo plazo con los clientes:** El éxito a largo plazo de una agencia depende de su capacidad para construir relaciones duraderas con los clientes. Es más fácil y rentable mantener un cliente existente que atraer a uno nuevo. La fidelización de clientes debe ser una prioridad, y eso solo se logra entregando resultados consistentes y adaptándose a las necesidades cambiantes del cliente.

Adaptarse al cambio sin perder la esencia

A medida que las agencias de marketing evolucionan y crecen, es fácil perder de vista su identidad central. Mantener la esencia de lo que hace única a una agencia es fundamental para seguir siendo relevante en un mercado competitivo. En StudioVainilla, hemos aprendido que, aunque hemos crecido y adoptado nuevas tecnologías y procesos, nunca hemos perdido nuestro enfoque en la creatividad y en ofrecer un servicio cercano y personalizado a nuestros clientes.

Conclusión: El viaje nunca termina

A lo largo de este libro, hemos explorado las estrategias fundamentales para gestionar y hacer crecer una agencia de marketing, desde la gestión financiera hasta el liderazgo creativo. Pero el viaje hacia el éxito no termina aquí. El marketing es una industria dinámica que exige a las agencias reinventarse constantemente. Las agencias que logran adaptarse, innovar y seguir creciendo son las que prosperarán en el largo plazo.

Para StudioVainilla, este viaje ha sido un proceso de aprendizaje continuo, evolución y crecimiento. Hemos experimentado éxitos y desafíos, pero nuestra pasión por la creatividad, nuestro compromiso con la innovación y nuestro deseo de entregar resultados efectivos a nuestros clientes nos han permitido crecer y destacar en un entorno altamente competitivo.

Sobre el Autor

Mario Humberto Gutiérrez Morales es cofundador y CEO de StudioVainilla, una agencia de marketing digital y desarrollos web con más de una década de experiencia. Bajo su liderazgo, StudioVainilla ha expandido su influencia internacionalmente, con proyectos que abarcan tanto mercados nacionales como internacionales, destacándose en lugares como Chihuahua, California, Ciudad de México, Veracruz y Los Ángeles. A lo largo de su trayectoria, ha trabajado con grandes marcas, lo que refleja la confianza depositada en su agencia por empresas de renombre mundial.

Además de su carrera empresarial, Mario cuenta con una extensa experiencia como docente en algunas de las universidades más prestigiosas de México, incluyendo la Universidad Tec de Monterrey, Universidad Tec Milenio y la Universidad del Valle de México. Ha sido responsable de la enseñanza de diversas asignaturas en los campos de Publicidad, Estrategias de Marketing Digital, Semiótica, Marketing Estratégico, Growth Hacker, Mercadotecnia Estrategica y Gestión de Proyectos de Mercadotecnia, entro otras. Su rol como especialista en diseño de materias en Universidad Tec Milenio incluye la creación de módulos educativos y certificados para la Maestría en Mercadotecnia Digital, contribuyendo de manera significativa al desarrollo académico de futuras generaciones de profesionales del marketing.

Mario también ha participado en el desarrollo de certificados académicos y la creación de estrategias de enseñanza en áreas como el Inbound Marketing y la Inteligencia Artificial aplicada al marketing. Esto lo convierte en un referente en la integración de nuevas tecnologías en el ámbito del marketing digital y la gestión empresarial, combinando su experiencia académica y profesional para ofrecer soluciones innovadoras a sus clientes.

Con un enfoque en la innovación y la tecnología, Mario ha liderado el diseño de procesos avanzados para optimizar la comunicación digital, integrando herramientas como ChatGPT y Google Dialogflow en soluciones que mejoran la experiencia del usuario y optimizan la productividad. Además, su proyecto más reciente, Vchat By StudioVainilla, busca integrar inteligencia artificial en la experiencia del usuario mediante plataformas como WhatsApp y Meta.

Mario continúa impactando el mundo del marketing a través de su trabajo en StudioVainilla, sus enseñanzas y su liderazgo en la creación de estrategias de marca que combinan tecnología avanzada con creatividad, siempre enfocado en el crecimiento y el éxito de sus clientes.

Bibliografía y Fuentes de Inspiración

A lo largo de la escritura de este libro, me he inspirado en diversas fuentes y lecturas que han sido fundamentales para profundizar en conceptos de marketing, liderazgo y creatividad. A continuación, algunas de las obras y recursos que han influido en mi carrera y este proyecto:

1. "Creativity, Inc." - Ed Catmull y Amy Wallace
   Un libro esencial para cualquier líder creativo. La historia de Pixar es una lección sobre la gestión de equipos creativos y cómo fomentar un entorno donde la innovación fluya sin restricciones.
2. "El dilema del innovador" - Clayton M. Christensen
   Una obra que explora cómo las empresas exitosas pueden perder su ventaja si no logran adaptarse a las nuevas tecnologías y tendencias.
3. "Made to Stick" - Chip Heath y Dan Heath
   Un estudio sobre cómo hacer que las ideas resuenen y perduren, una lectura esencial para entender el poder de los mensajes simples y efectivos en el marketing.

4. "Marketing 5.0" - Philip Kotler

   La evolución del marketing digital hacia la integración de la tecnología y la inteligencia artificial es el foco de este libro. Es una guía práctica para el marketing impulsado por la tecnología.

5. "Measure What Matters" - John Doerr

   Este libro ofrece un enfoque valioso sobre los OKRs (Objetivos y Resultados Clave), que ayuda a las agencias a enfocarse en lo que realmente importa para el crecimiento.

6. TED Talks y conferencias de liderazgo

   Además de libros, muchos de los conceptos aquí presentados están inspirados en conferencias y charlas de expertos en marketing y gestión de equipos. Los eventos de TED son una fuente constante de inspiración, particularmente en temas de creatividad, innovación y gestión empresarial.

Apéndices

1. Herramientas Recomendadas para la Gestión de Agencias

Estas son algunas de las herramientas que hemos utilizado en StudioVainilla para optimizar la productividad, mejorar la comunicación interna y hacer más eficientes nuestros procesos.

- Monday.com: Ideal para la gestión de proyectos, seguimiento de tareas y colaboración entre equipos. Es una herramienta visual que permite a los líderes de proyectos tener una visión clara del avance de cada iniciativa.
- Slack: Perfecto para la comunicación interna en tiempo real. La integración con otras herramientas como Google Drive, Trello, y Zapier facilita la colaboración fluida entre los equipos.
- HubSpot: Una plataforma integral para la gestión de clientes (CRM), automatización de marketing y seguimiento de oportunidades de negocio.

- Google Analytics: Una herramienta esencial para el análisis de tráfico web y el seguimiento del comportamiento del usuario en línea.
- Canva: Herramienta fácil de usar para la creación de contenidos visuales, especialmente útil para redes sociales y marketing digital.

2. Plantillas para la Gestión de Proyectos

- Plantilla de calendario editorial: Un ejemplo de cómo organizar el contenido para redes sociales, blogs y campañas de email marketing de manera semanal y mensual.
- Plantilla de seguimiento de KPIs: Modelo para monitorear los indicadores clave de rendimiento de cada campaña de marketing y medir su éxito.

Índice Temático

El índice temático es una herramienta que permitirá a los lectores encontrar rápidamente los temas y conceptos clave a lo largo del libro. Aquí tienes una sugerencia de cómo estructurarlo:

- Agencias de Marketing: Capítulos 1, 4, 6, 8
- Automatización: Capítulos 5, 6, 9
- Creatividad en Marketing: Capítulos 3, 7, 11
- Gestión de Equipos: Capítulos 4, 10, 12
- Inteligencia Artificial: Capítulos 9, 13
- KPIs y Métricas: Capítulos 5, 6
- Liderazgo en Agencias: Capítulos 7, 14
- Marketing Digital: Capítulos 2, 9, 13
- Proyectos y Procesos: Capítulos 4, 6
- Sostenibilidad en Marketing: Capítulo 13
- Tendencias Emergentes: Capítulos 9, 13, 15

Glosario de Términos

A

- Agile: Metodología de trabajo enfocada en la flexibilidad y la colaboración, que divide los proyectos en ciclos cortos llamados "sprints" para adaptarse a cambios de manera rápida y eficiente.
- Automatización de Marketing: Uso de software para automatizar tareas de marketing como el envío de correos electrónicos, la publicación en redes sociales y la segmentación de audiencias, con el objetivo de optimizar el tiempo y los recursos.

B

- Backlog: Lista priorizada de tareas, funcionalidades o requerimientos pendientes de realizar en un proyecto de Scrum o Kanban. Se utiliza para organizar y priorizar el trabajo pendiente.
- Benchmarking: Proceso de medir el rendimiento de una empresa, producto o servicio

comparándolo con los estándares de la industria o con los mejores competidores para identificar áreas de mejora.

C

- CRM (Customer Relationship Management): Software utilizado para gestionar la relación con los clientes, optimizar la captura de leads, el seguimiento de ventas y la retención de clientes.
- Conversión: Acción deseada que se espera que realice el usuario en una campaña de marketing, como completar una compra, suscribirse a un boletín, o llenar un formulario.
- CPC (Costo por Clic): Modelo de pago en publicidad digital donde se paga por cada clic que un usuario hace en un anuncio.
- CTR (Click Through Rate): Porcentaje de usuarios que hacen clic en un enlace o anuncio en relación con el número total de impresiones.

D

- **Dashboard:** Interfaz gráfica que muestra métricas e indicadores clave de rendimiento (KPIs) en tiempo real, facilitando el análisis y la toma de decisiones.
- **Data-Driven:** Toma de decisiones basada en datos cuantificables y analíticos, en lugar de suposiciones o intuiciones. El marketing impulsado por datos permite una mayor precisión y optimización.

E

- **Engagement:** Grado de interacción o compromiso que los usuarios tienen con una marca o contenido, medido a través de comentarios, "me gusta", compartidos y otras interacciones en redes sociales o plataformas digitales.
- **ERP (Enterprise Resource Planning):** Sistema de software integrado que gestiona y automatiza múltiples procesos empresariales como contabilidad, inventario, recursos humanos, entre otros.

F

- **Funnel de Ventas:** Modelo que describe las etapas por las que pasa un cliente potencial desde que conoce la marca hasta que realiza una compra. Incluye fases como la atracción, consideración y decisión.

G

- **Growth Hacking:** Estrategias de marketing enfocadas en el crecimiento acelerado, generalmente mediante el uso de técnicas creativas y de bajo costo para obtener resultados rápidos y medibles.

H

- **Hosting:** Servicio que permite almacenar los archivos y datos de un sitio web en un servidor para que esté disponible en Internet. Ejemplo: hospedaje web para sitios corporativos o e-commerce.

I

- Inbound Marketing: Estrategia de marketing que busca atraer a los clientes mediante contenido relevante y personalizado, en lugar de interrumpir su experiencia con anuncios directos. Incluye tácticas como blogs, SEO, redes sociales, etc.
- Integración de Software: Proceso de conectar diferentes herramientas y plataformas digitales (ej. Slack con Monday.com) para automatizar flujos de trabajo y mejorar la eficiencia operativa.

K

- KPI (Key Performance Indicator): Indicador clave de rendimiento que mide el éxito de una actividad en relación con un objetivo estratégico. Ejemplo: porcentaje de conversión de leads a clientes.

L

- Lead: Contacto o cliente potencial que ha mostrado interés en los productos o servicios de una empresa. Los leads pueden convertirse en ventas a través de un proceso de seguimiento y persuasión.

M

- Métricas: Datos o indicadores que reflejan el rendimiento de actividades o procesos. A diferencia de los KPIs, no todas las métricas están directamente relacionadas con los objetivos estratégicos.
- Mindset: Conjunto de creencias y actitudes que influyen en cómo las personas perciben y abordan situaciones, tanto en el ámbito empresarial como personal. Un mindset de crecimiento es clave en la cultura empresarial.

N

- NPS (Net Promoter Score): Métrica que mide la lealtad de los clientes preguntando qué tan probable es que recomienden una empresa o producto a otros. Los clientes se clasifican como promotores, pasivos o detractores.

O

- OKR (Objectives and Key Results): Marco para definir y seguir objetivos medibles dentro de una empresa. Combina objetivos ambiciosos con resultados clave que ayudan a medir el progreso hacia esos objetivos.

P

- Pipeline de Ventas: Visualización del flujo de ventas de una empresa, desde la generación de leads hasta el cierre de ventas. Un pipeline efectivo permite gestionar mejor las oportunidades y optimizar los esfuerzos de ventas.
- PPC (Pay Per Click): Modelo de publicidad digital en el que los anunciantes pagan una tarifa cada vez que un usuario hace clic en uno de sus anuncios. Es una forma de compra de tráfico donde, en lugar de intentar ganar visitas de manera orgánica, se paga por obtener clics y dirigir tráfico a un sitio web. Ejemplos de plataformas que usan PPC son Google Ads y Facebook Ads.

R

- ROI (Return on Investment): Indicador financiero que mide el rendimiento de una inversión en relación con el costo de la misma. En marketing, se utiliza para evaluar el retorno generado por las campañas.
- RPA (Robotic Process Automation): Tecnología que permite automatizar procesos empresariales mediante robots de software que ejecutan tareas repetitivas, como la entrada de datos, sin intervención humana.

S

- Scrum: Metodología de trabajo ágil usada principalmente en el desarrollo de software, pero adaptable a otros entornos. Se basa en sprints cortos y revisión constante del progreso.
- SEM (Search Engine Marketing): Estrategia de marketing digital enfocada en mejorar la visibilidad de un sitio web a través de anuncios pagados en motores de búsqueda como Google.
- SEO (Search Engine Optimization): Conjunto

de prácticas orientadas a mejorar el posicionamiento orgánico de un sitio web en motores de búsqueda, aumentando su visibilidad sin necesidad de pagar por anuncios.

T

• Tasa de Conversión: Porcentaje de usuarios que completan una acción específica (como realizar una compra o suscribirse a un boletín) en relación con el total de visitas o interacciones.

U

• UX (User Experience): Experiencia del usuario al interactuar con un producto o servicio, especialmente en términos de facilidad de uso, accesibilidad y satisfacción.

• UI (User Interface): Interfaz de usuario, es el conjunto de elementos gráficos y controles que un usuario utiliza para interactuar con un sistema o aplicación.

V

- Valor de Vida del Cliente (Customer Lifetime Value, CLV): Proyección del valor total que un cliente puede generar para la empresa a lo largo de su relación comercial.

W

- Workflow: Flujo de trabajo estructurado que describe los pasos y procesos que deben seguirse para completar una tarea o proyecto. El objetivo es optimizar el orden y la eficiencia.

Z

- Zero Moment of Truth (ZMOT): Momento clave en el ciclo de compra en el que un cliente potencial investiga un producto o servicio antes de realizar una compra, influenciado principalmente por las reseñas y la información online.